P9-AQQ-391

El valor de ser libre

GUY FINLEY

El valor de ser libre

*Descubre tu auténtico yo
sin miedo*

EDICIONES OBELISCO

Si este libro le ha interesado y desea que le mantengamos informado
de nuestras publicaciones, escríbanos indicándonos qué temas son de su interés
(Astrología, Autoayuda, Ciencias Ocultas, Artes Marciales, Naturismo, Espiritualidad,
Tradición…) y gustosamente le complaceremos.

Puede consultar nuestro catálogo en www.edicionesobelisco.com.

Colección Psicología
EL VALOR DE SER LIBRE
Guy Finley

1.ª edición: febrero de 2013

Título original: *The Courage to Be Free*

Traducción: *M.ª Antonia de Miquel*
Maquetación: *Marga Benavides*
Corrección: *M.ª Jesús Rodríguez*
Diseño de cubierta: *Enrique Iborra*

© 2010 Guy Finley
(Reservados todos los derechos)
Primera edición de Red Weel/Weiser Books, York Beach, Estados Unidos
© 2013, Ediciones Obelisco, S. L.
(Reservados los derechos para la presente edición)

Edita: Ediciones Obelisco, S. L.
Pere IV, 78 (Edif. Pedro IV) 3.ª planta, 5.ª puerta
08005 Barcelona - España
Tel. 93 309 85 25 - Fax 93 309 85 23
E-mail: info@edicionesobelisco.com

Paracas, 59 - Buenos Aires
C1275AFA República Argentina
Tel. (541 - 14) 305 06 33
Fax: (541 - 14) 304 78 20

ISBN: 978-84-9777-917-3
Depósito Legal: B-385-2013

Printed in Spain

Impreso en España en los talleres gráficos de Romanyà/Valls S. A.
Verdaguer, 1 - 08786 Capellades (Barcelona)

INTRODUCCIÓN

Lo que aprenderás de este libro

¿Tienes el valor de ser libre? ¿No sólo de *desear* la libertad, sino de afrontar cada momento sabiendo que tienes el derecho y el poder espiritual de vivir sin miedo, preocupaciones o dudas?

Sólo sabrás a lo que te enfrentas si alguna vez has intentado realmente liberarte de lo que te atormentaba en una situación no deseada. Apreciar y anhelar la idea de libertad es una cosa, pero reunir el valor necesario para deshacerte de todo aquello que te impide ser libre ¡eso es algo muy distinto! Sin embargo, la libertad puede ser tuya. No hay ninguna duda de ello, siempre y cuando estés dispuesto a aprender la verdad sobre ti mismo, sobre quién eres y quién *no* eres.

Por ejemplo, *no* eres ese sentimiento de ineptitud que te hace desear rendirte o abandonar tus sueños de vida.

No eres ese sentimiento compulsivo que te hace adular a otros para conseguir su favor.

No eres ninguno de esos recuerdos oscuros que revolotean a tu alrededor y te producen aflicción y remordimiento.

Lo cierto es que no eres ninguno de los pensamientos y sentimientos derrotistas que intentan hundirte y que te llevan a buscar algún otro nuevo «poder» que te permita salvarte, ¡una vez más! Cuando te das cuenta de la verdad de estos hechos, tus ojos se abren a un orden sagrado de verdad: no necesitas nuevos poderes para encontrar la libertad. Todos esos «caminos hacia el poder» no llevan a ninguna parte. El descubrimiento de la libertad espiritual que anhelas vendrá por sí mismo ¡una vez que *dejes de verte como impotente frente a los pensamientos y sentimientos dolorosos!*

En *El valor de ser libre* harás el feliz descubrimiento de que quien eres realmente, tu auténtico Yo sin miedo, no puede ser prisionero de una situación no deseada –interior o exterior– lo mismo que la luz del sol no puede estar en su propia sombra.

PARTE I

Déjate ir y recupera
tu libertad

CAPÍTULO I

Revela el tesoro de tu verdadero yo

Todos y cada uno de los santos sabios, de los hombres o mujeres sabios de todas las tradiciones intemporales –de Oriente o de Occidente, pasadas o presentes– tienen un mensaje especial para ti:

Has recibido una gran herencia

Un cofre lleno de regalos espirituales te espera; sólo tienes que reivindicarlo como tuyo. Pero no es un tesoro ordinario; dentro de este gran cofre hay otros –cofre dentro de cofre dentro de cofre– ¡y cada uno contiene un premio que supera en valor al anterior! Pero no nos adelantemos. Hablaremos de lo que hay en los demás cofres una vez hayamos examinado el contenido del cofre principal.

Esto es lo que te espera en el primer gran cofre:

Tu derecho innato a ser libre

Detengámonos a considerar la magnitud de este regalo, recordando cuán a menudo nos metemos, sin darnos cuenta, en la diminuta celda de algún pensamiento o sentimiento que nos ata.

Ya sabemos que la preocupación, la duda, la ira y el miedo –sea cual sea su aspecto o forma– mantienen cautivo a todo aquel que es lo suficientemente incauto para caer en su telaraña de aflicción. Pero este derecho innato que reivindicas te autoriza a estar tan naturalmente libre de estos estados negativos como lo es para ti ser capaz de «arreglártelas», sin importar cuán desesperadas sean las circunstancias. Y hay algo más.

Tuyo es también el derecho a detectar sin esfuerzo el enfado y la frustración y a deshacerte de ellos, a saber reconocer lo que son en realidad: falsos poderes disfrazados como serviciales guías en tiempos de tribulación. Y en su lugar –como las flores sustituyen a las malas hierbas en un jardín bien cuidado– encontrarás los nuevos poderes de amabilidad, paciencia y amor. Estas características nacen de una intensa luz interior que barre suavemente todo aquello que se opone a tu liberación.

¿Y qué hay de los restantes cofres que aún no hemos abierto, aquellos que contienen el resto de tu herencia?

Bueno, no quiero estropearte la sorpresa. Pero cuando abras estos cofres del tesoro encontrarás el resto del nuevo conocimiento espiritual que necesitas para reivindicar los derechos que pertenecen a tu auténtico Yo. He aquí una lista parcial de estos otros dones:

1. Fe inquebrantable en la bondad de la vida.

2. Perfecta confianza en que todas las cosas son bellas y justas, a pesar de las apariencias temporales.

3. Una relación fluida con un plano de realidad cuya base imperecedera es la propia naturaleza del éxito.

Así pues, abramos ahora el primero de nuestros cofres del tesoro espirituales. Es el momento de comenzar a recopilar los hechos que necesitamos para reivindicar nuestro legado de libertad perdido. Comenzamos con un cuento, una parábola tan llena de sorpresas como de maneras de probar lo que promete:

Tienes derecho a caminar por esta vida sin miedo a lo que pueda esperarte más adelante.

CAPÍTULO 2

Destruye esas falsas creencias y sé libre

Érase una vez un búho que se llamaba Salomón. Tal y como hacen todos los de su especie en el mundo, su deber era volar diariamente sobre la región en que vivía para velar por el bienestar de todas las criaturas que moraban en ella. Algunas de sus responsabilidades, cuando era necesario, consistían en mediar en los conflictos que a veces se daban entre diferentes especies y restaurar cuanto antes el equilibrio armónico de la naturaleza. Aunque las partes enfrentadas no siempre estaban de acuerdo de entrada con los consejos de Salomón, todos sabían que alguien que puede ver en y a través de la oscuridad es alguien a quien vale la pena escuchar en tiempos de confusión y conflicto.

Sucedió que, muy temprano una bonita mañana de septiembre, Salomón sobrevolaba un valle en particular que no visitaba desde hacía cierto tiempo. Desde su punto de vista elevado podía ver que los dedos coloreados del otoño habían tocado ya muchas de las copas de los árboles, y que los salmones remontaban el río, regresando a su hogar para desovar. Pronto daría comienzo el festín de los osos junto al río, que también atraería a águilas, cuervos y a alguna ocasional y graznadora gaviota. Inspiró profundamente el aire fresco, agradecido por sentirse vivo y por el profundo silencio de los cielos inmensos.

Salomón amaba aquella región. El territorio verde oscuro del valle se extendía a los pies de una gran montaña. El agua que bajaba de su pico nevado alimentaba el río y los torrentes que corrían haciendo meandros a través del bosque y de los campos abiertos más allá. Mientras sobrevolaba la armonía de ese mundo que se desplegaba bajo él, todo parecía en su lugar y en paz. Pero justo cuando estaba a punto de ladear las alas y volar más al sur, le llamó la atención algo que no acababa de distinguir y que a primera vista no parecía tener sentido. Corrigiendo levemente su rumbo con un leve giro de la cabeza, dio la vuelta para echar otro vistazo. ¡No podía creer lo que estaba viendo!

Caminando en fila india, como soldados en un desfile, había cinco grandes águilas doradas. Este comportamiento no era nada inusual en sí mismo, y quizás no hubiese siquiera llamado la atención de Salomón, de no ser por un hecho extraño y aparentemente inexplicable. ¡Cada una de las cinco águilas llevaba casco, gafas de aviador y gabardina!

«¿Qué demonios ocurre?», pensó Salomón para sus adentros, mientras descendía haciendo círculos para confirmar lo que sus agudos ojos no podían creer. Pero sí, era verdad; no sólo vestía cada una de ellas como creyó ver la primera vez, sino que ¡alrededor de sus alas llevaban una especie de pequeñas mochilas de viaje! Y así, tras aterrizar casi sin hacer ruido, Salomón se situó justo frente a las águilas que desfilaban y las saludó con estas palabras:

—Hola, amigas, ¿qué tal estáis hoy?

Tras unos segundos de incómodo silencio, el águila que iba en cabeza habló por todas ellas:

–Gracias por preguntar, viejo búho; toda va estupendamente. –Y, mientras las demás águilas asentían con la cabeza, continuó–: ¿A qué debemos esta visita, si no te molesta la pregunta?

—En absoluto –dijo Salomón–, a decir verdad, ya hace un par de meses que no venía por esta región, así que estaba haciendo sólo un pequeño reconocimiento cuando se me ocurrió mirar hacia abajo y os he visto a las cinco marchando con todo este equipo.

Su intención era que la pausa al final de su último comentario sirviese como pregunta, con la esperanza de que suscitase una explicación para tan extraño comportamiento, pero no hubo suerte. Lo único que le siguió fue otro breve lapso de tenso silencio. Salomón decidió adoptar un enfoque más directo

—Mirad, amigas, no tengo ninguna intención de meterme en vuestras vidas, pero no he podido evitar advertir que aquí pasa algo raro.

Luego, bajando deliberadamente la voz –para que comprendieran que no estaba desafiándolas de ningún modo– completó su pensamiento.

—Aparte del hecho de que estáis andando hacia dondequiera que os encaminéis, lo que, admitiréis, es raro teniendo en cuenta lo fácil que sería ir simplemente volando, ¿no os parece que es un *poquitín* raro que todas vistáis equipo de aviador, por no mencionar que también lleváis mochilas?

Salomón abrió aún más sus ya grandes ojos en un intento de mostrarles que esa situación le preocupaba verdaderamente, pero nadie pareció advertirlo, de modo que preguntó a bocajarro:

–¿Alguien va a decirme qué está pasando aquí?

Sin intentar disimular la irritación en su voz, la tercera águila de la fila se adelantó para espetarle:

—¿A qué te refieres con eso de «qué está pasando aquí»? ¿No es obvio?

Pero antes de que Salomón pudiese contestar, la cuarta águila intervino con un tono tan amenazador como su afilado pico amarillo:

—Vamos de camino hacia nuestra ribera favorita para escarbar en lo que haya y para tomar cualquier otra cosa que necesitemos. ¡*Ahí* es donde vamos, si quieres saberlo!

–A ver si lo he entendido bien –dijo Salomón, utilizando una de sus anchas alas para señalar enfáticamente el equipo–. ¿Vistiendo y acarreando todo este equipo tenéis la intención de caminar más de dos kilómetros hasta vuestro lugar de pesca favorito? ¿Es eso lo que me estás diciendo?

—¿Vaya eres sordo *y* ciego, viejo búho? –saltó con brusquedad el águila jefe, dejando claro que la conversación había terminado–. ¡*Déjanos en paz!*

De sus anteriores encuentros con ellas, Salomón sabía que el auténtico carácter de las águilas doradas estaba hecho a partes iguales de paciencia y poder, iba vinculado a su derecho innato de planear libremente por los cielos. Así pues, esa intolerancia ante sus amistosas preguntas, unida a aquellas curiosas nuevas posesiones, le confirmaba dos cosas: algo había ido muy mal en algún lugar y su deber estaba claro. Tenía que descubrir qué había confundido hasta tal punto a esas magníficas criaturas.

Un instante después, Salomón abrió sus grandes alas y, elevándose silenciosamente en el aire, dejó tras de sí sólo estas palabras finales:

—¡Si queréis esperarme aquí, vuelvo en un momento! Si no –continuó– no os preocupéis, os encontraré dondequiera que estéis.

Las cinco águilas cruzaron brevemente miradas entre sí, compartiendo una pregunta no verbalizada: ¿qué demonios pretende este viejo búho? Inmediatamente, como siguiendo instrucciones, volvieron a ocupar sus respectivos lugares en la fila y reanudaron la marcha hacia su lugar de pesca favorito.

Al emprender el vuelo, los pensamientos de Salomón le acompañaban. Alguien o algo había obrado eficazmente para arrebatarles a las águilas su libertad sin que ellas se diesen cuenta. Así pues, sabía que su primera tarea era resolver este misterio y luego ayudarles a ver la realidad de su triste situación. ¿Pero dónde empezar la búsqueda?

A medida que subía más y más alto en los brillantes cielos de la tarde, sus pensamientos se aclaraban. En lugar de darle vueltas a quién o qué era el culpable, empezó a preguntarse *por qué* alguien querría sustraer deliberadamente el derecho natural de las águilas a volar. Y entonces se le ocurrió.

Se ladeó hacia la derecha, poniendo rumbo al sur hacia una zona pequeña y recogida de la cañada del bosque donde sabía que a los cuervos del valle les gustaba reunirse y charlar. Al aproximarse a su lugar de reunión, adoptó su modo de vuelo más sigiloso y se posó, desapercibido, cerca de la copa de un árbol lejano. Incluso a esa distancia, podía oír todo lo que los cuervos se graznaban unos a otros, y el tono arrogante de sus voces ratificó su intuición anterior.

No es que a Salomón no le gustasen los cuervos, porque una larga experiencia le había enseñado que todas las criaturas, no importa cuál sea su carácter, cumplen un papel vital en el hermoso e invisible acto de equilibrar la vida. Es sólo que los cuervos no eran sus criaturas favoritas, dada su tendencia a aprovecharse del trabajo de otros y de robar cualquier cosa que no pudiesen conseguir gracias a sus astutas mañas.

Tras escucharlos durante un rato más, sus sospechas iniciales se vieron confirmadas: tenía las respuestas que buscaba. Los cuervos estaban muy ocupados peleando entre sí, ¡fanfarroneando sobre cuál de ellos tenía el mérito de haber conseguido dejar a las águilas en tierra! Y entonces, el sonido de una voz particular se impuso al resto, captando la atención de Salomón. La reconoció de inmediato. Pertenecía a Lucio, autoproclamado «rey» de los cuervos y principal alborotador en más de treinta kilómetros a la redonda.

—Debo decir que, si no lo hubiese visto con mis propios dos ojos, nunca lo habría creído –dijo Lucio–. ¿Quién hubiese imaginado que era tan fácil engañar a las grandes águilas?

—¿Qué quieres decir con eso de quién lo hubiese imaginado? –gritó uno de los cuervos, saltando de rama en rama en un árbol adyacente–. Fue idea mía ¿o es que no lo recuerdas?

Se detuvo sólo para mirar a izquierda y derecha, desafiando en silencio a cualquiera que osase contradecirle.

—Sí, así fue –continuó–. ¡Os dije a todos que, una vez las convenciésemos de que realmente necesitaban esas gafas especiales para proteger sus delicados ojos, conseguir que creyesen que necesitaban el resto del equipo sería sencillísimo!

—Bla, bla, bla –interrumpió uno de los cuervos mayores, posado unas tres ramas más abajo de Lucio y su camarilla–. El mérito para quien se lo ha ganado, ¿o es que sólo fue cosa tuya?

Pero no le dejó tiempo a nadie para que interviniese. Añadió:

—Venderles la idea de que necesitaban gabardinas para mantener sus plumas de volar secas, eso fue cosa mía. ¡Y –continuó, felicitándose a sí mismo– añadirle los cascos a juego fue una genialidad!

Pero justo entonces saltó otro cuervo, eclipsando su momento de gloria.

—Sí, claro. Desde luego que tenían un aspecto bastante estúpido con todo ese equipo innecesario, pero ¿no estamos olvidando lo más importante? Aun así, seguían volando. Día tras día, se adelantaban a nosotros en los mejores lugares para rapiñar pescado. ¡Al césar lo que es del césar! En realidad, no se quedaron varadas en tierra hasta que yo les convencí de que necesitaban una mochila para llevar su captura del día.

Hizo un breve alto en su elogio de sí mismo, sólo lo necesario para mirar hacia arriba y darse cuenta de que a Lucio no le hacía ninguna gracia esa versión de la historia. Entonces, haciendo gala de rapidez de reflejos, las siguientes palabras que salieron de su boca –como si fuesen lo que desde el principio había querido expresar– fueron las siguientes:

—Naturalmente, nuestra victoria sobre las águilas no hubiera sido completa sin nuestro gran rey Lucio ¡Su papel crucial fue el que finalmente llevó el gato al agua!

La multitud estalló en un coro espontáneo de «crac-crac» ante este juego de palabras. Mientras esperaba a que las risas amainasen, vio con alivio que el rey también reía, de modo que continuó.

—¡Al darse cuenta de que las águilas ya no podían recorrer volando sus rutas habituales hasta nuestros lugares favoritos de rapiña y pesca, nuestro líder tramó un plan tan inteligente que se hablará de él durante los próximos siglos!

Naturalmente, todos los allí reunidos sabían ya lo que pasó, pero le vitorearon de todos modos.

—¡Dilo, dilo! –cantaron al unísono los cuervos.

—Debido al peso adicional que ahora llevaban, tenían que caminar en lugar de volar; pero nuestro gran rey sabía exactamente cómo hacer para dejarlas en tierra definitivamente. Nos hizo convencerles de que, para encontrar el camino hacia el río y los torrentes, debían llevar consigo, en todo momento, un mapa muy especial. Luego les dijimos que, profundamente preocupado por su bienestar, nuestro sabio rey había escrito justo el libro que ellas necesitaban: la *Guía terrestre para águilas de los mejores lugares de pesca*.

Al oír esto, por descontado, todos los cuervos estallaron en risas, y el claro resonó de tal modo con vítores, chasquidos y graznidos que el rey tuvo que pedir que guardasen silencio de inmediato.

22

—¡Callad! –dijo, severo–. ¡Bajad la voz! En estos momentos, en algún lugar de este valle, las águilas están agradecidas por lo que hemos hecho por ellas. Pero si llegan a darse cuenta, si alguna vez descubren nuestro engaño, ¡será nuestro fin!

Inspiró profundamente para tener un aspecto más imponente y a continuación terminó su pensamiento:

—Sí, les hemos engatusado para que renuncien a su libertad, y eso es bueno para nosotros. Pero no nos engañemos. Si queremos conservar todo lo que hemos ganado durante estos últimos y preciosos meses, no debemos permitir que sepan la verdad. De otro modo, nunca podremos volver a enredarlas del mismo modo.

¡Salomón había oído suficiente! Entendió por qué los humanos llamaban a este tipo de reuniones «un nido de cuervos». Pero ahora conocía los hechos y estaba seguro de que, una vez las águilas supiesen la verdad, recuperarían la libertad de inmediato. Reflexionó un poco más y luego habló, revelando su presencia al grupo de cuervos.

—Aunque tengo claro por qué habéis actuado de este modo tan cruel y astuto, ¿cómo podéis creer que vuestro plan se sostendrá? Este engaño terminará muy pronto y con él vuestro dominio temporal sobre las águilas de este valle.

Salomón hizo girar lentamente y casi en redondo su gran cabeza coronada por un penacho de plumas, hasta contemplar las caras de todos los asombrados cuervos. Y nadie supo, cuando habló, si fue el sonido de su voz o el silencio mortal que se produjo cuando habló el que hizo que sus palabras resonasen a lo largo de muchos kilómetros:

—Os dejo solos, pero vuelo a decirles a las águilas lo que he averiguado aquí hoy. Así que estáis avisados. Os lo prometo. ¡La verdad que yo les llevo les hará libres!

Y lo último que Salomón oyó mientras volaba hasta perderse de vista fue el sonido de treinta cuervos que gritaban a la vez en tono malévolo:

—¡Nunca te creerán! ¡Nunca te creerán!

CAPÍTULO 3

Recupera tu auténtico yo sin miedo

Cuando Salomón dejó a la bandada de águilas, estaban caminando en dirección al río que todos llamaban «la Bicoca», pero necesitó casi una hora de exploración del área para encontrarlas de nuevo. Cuando descendió para posarse sobre el banco arenoso junto al cual las había divisado desde arriba, ¡casi no podía dar crédito a sus propios ojos y oídos!

Las cinco águilas estaban enzarzadas en una ruidosa pelea, garra contra garra, por los escasos restos adheridos a las espinas de un salmón que había sido devorado por los osos. Salomón sabía que, por regla general, las águilas nunca se pelean unas con otras por unos simples restos. Verlas en esta condición tan degradada casi le rompe el corazón ¡y quizás también le nubló el razonamiento! Sin pensar en las heridas que podría causarle su intervención en una pelea así, se lanzó directamente al centro del ruedo.

—¡Parad! ¡Parad de una vez! –les ordenó. Y, ya sea por la autoridad en su voz o porque para inmiscuirse en el fragor de la lucha se necesitaba auténtica audacia, le obedecieron. Pero cuando la impresión inicial dio paso a una enfurruñada incredulidad ante el hecho de que ese viejo búho se entrometiese de nuevo en sus asunto, formaron un círculo en torno a él y empezaron a acercársele, bufando y levantando las alas en señal de amenaza. Pero Salomón no retrocedió; de hecho, dio un paso adelante. Sorprendidas, las águilas se detuvieron en seco. Por el momento, su posición era ventajosa y la aprovechó.

—¡Despertad! –les imploró–. Por amor del cielo ¡espabilaos!

Instantes después, las águilas comenzaron a acercársele de nuevo y Salomón las reprendió aún con mayor energía:

—Miraos. Mirad lo que estáis haciendo aquí, lo que os hacéis a vosotras mismas. ¿No veis en qué os habéis convertido?

Sus palabras surtieron efecto, porque automáticamente las águilas parecían tener la mitad del tamaño anterior, y su espíritu agresivo fue barrido por una ráfaga de aire que apareció de la nada. Desde hacía muchos días, todas habían notado que algo iba mal, algo estaba fuera de lugar. Un inexplicable cansancio y frustración las invadía; reñían constantemente unas con otras, por no mencionar que se encontraban al borde de la inanición. Salomón aprovechó el súbito silencio y comenzó a hablar.

—Ya sabéis que hay criaturas en nuestro mundo que están empeñadas en ir contra vuestros intereses. –Hizo una pausa para enfatizar el punto que venía a continuación–. Pero lo que no sabéis –dijo, mientras se hacía palpable la urgencia en su voz– es que los cuervos que viven al sur de la Bicoca han conspirado para engañaros con el fin de derrotaros. Y, a juzgar por vuestro aspecto ahora, parece que lo han conseguido.

Hizo de nuevo una pausa para asegurarse de que las palabras que decía a continuación tenían el efecto deseado.

—De hecho, acabo de regresar de una de sus reuniones, donde todos estaban riéndose de vosotras. Deberíais haberlos oído ufanarse de cómo consiguieron robaros todo aquello que os hace únicas, reales y dueñas de los cielos. Y si no me creéis…

—¡Imposible! –le interrumpió el águila líder. Luego, conteniéndose, bajó un poco el tono mientras proseguía con su pensamiento–. Sí, de acuerdo: es cierto que los cuervos nos han estado ayudando últimamente, pero ¿crees que no lo hubiéramos advertido si nos hubiesen engañado? –El resto de águilas movió la cabeza en señal de asentimiento–. Después de todo ¡no tenemos un pelo de tontas!

Salomón esperó un instante y eligió con cuidado sus siguientes palabras.

—Nadie osaría decir lo contrario. Pero permíteme sólo un par de preguntas y, si estoy equivocado, no pasa nada, me retiraré. No volveréis a verme. Pero, si estoy en lo cierto, descubriremos juntos no sólo cómo consiguieron engañaros, sino –de acuerdo con lo que hayamos averiguado– cómo recuperar la libertad que habéis perdido. ¿Os parece bien?

El silencio colectivo de las águilas indicó su consentimiento, de modo que Salomón comenzó a pasear entre sus filas, inspeccionándolas igual que un general haría con sus tropas. Cuando se detuvo, lo hizo con el ala derecha extendida y con su pluma de vuelo señalando, cual dedo acusador, directamente a las gafas de aviador sobre la cabeza de una de las águilas. Pero, cuando habló, su pregunta se dirigía a todas ellas.

—¿Alguna de vosotras ha nacido con estas gafas ahumadas que ahora os cubren los ojos?

Sin esperar respuesta, levantó su otra ala para señalar a los cascos a juego que les cubrían las cabezas.

—¿Y qué me decís de esto? Cuando salisteis del cascarón, ¿acaso alguna de vosotras llevaba un casco protector?

Pensó que esta graciosa imagen haría reír a las águilas, pero no. Y así, con las alas aún extendidas, siguió pasando entre ellas, señalando a medida que caminaba.

—¿Y qué hay de estos impermeables, o de estas mochilas de viaje? Ah sí –dijo, rebuscando dentro de una de las mochilas–. ¡No olvidemos este estupendísimo libro vuestro sobre cómo encontrar peces!

Llegados a este punto, una de las águilas dio un paso al frente, intentando con poca convicción defender lo que ya empezaba a parecerles a muchas de ellas un claro error.

—¿Y esto lo dices por…?

Salomón saltó.

—Habéis sido creadas con una vista más aguda que la de ninguna otra criatura. Ni vuestros ojos, ni vuestra cabeza, necesitan protección en los cielos, lo mismo que un río no precisa defenderse de las gotas de lluvia ¿Debo continuar? –preguntó, pero no esperó a que le respondiesen–. El satinado natural de vuestras plumas puede soportar prácticamente cualquier tormenta, lo que significa que cubrirlas no es solamente innecesario, sino que contribuye a estropear su naturaleza impermeable. Vuestras grandes garras, capaces de sujetar como tenazas, están hechas para transportar lo que queráis a donde queráis, sin estorbaros nunca. Y en vuestro interior albergáis ya una brújula casi perfecta y un gran conocimiento de vuestro territorio. Ningún mapa o libro puede serviros mejor de guía natural que esta sabiduría innata que poseéis.

Luego Salomón miró a su alrededor, a cada una de las águilas, asegurándose de que todas le prestaban atención. Se disponía a exponer su argumento final y sabía que todo dependía de si escuchaban o no la sabiduría de sus palabras.

—Lo que estoy diciendo es muy sencillo en realidad, si sois capaces de ver la verdad que contiene. ¡Ninguna de estas cosas que acarreáis forma parte de vuestro equipo original! Tenéis la prueba delante de vuestros ojos, en estos momentos, y lo sabéis. Lo que creíais que haría vuestras vidas mejores no ha hecho más que hundiros. ¿Sí o no? —Un largo silencio colectivo marcó su reacio asentimiento.

Salomón y las águilas pasaron juntos el resto de la tarde, hablando serenamente hasta altas horas de todo lo que habían aprendido. La luz y el calor de una pequeña fogata les reconfortó en más de un sentido, pues se alimentaba de todas aquellas cosas que las águilas, gracias a su reciente descubrimiento, sabían ahora que no necesitaban.

CAPÍTULO 4

La libertad de cambiar tu experiencia de vida

Esta pequeña historia nos aporta diversas enseñanzas que debemos estudiar si queremos despertar, reivindicar y reunir el valor necesario para ser libres.

Ningún estado de ánimo negativo, ningún pensamiento o sentimiento represor o contraproducente es parte de tu «equipo original».

En otras palabras, quien tú eres en realidad, tu auténtico Yo, no está lastrado por la preocupación, el arrepentimiento, el miedo, el resentimiento o, de hecho, ningún otro estado autolimitante que pueda crecer en un rincón oscuro. Vamos a decirlo muy claramente:

Ningún pensamiento o sentimiento autolimitante –ni uno solo– forma parte de tu equipo original.

Estos sentimientos sólo tienen poder sobre nosotros cuando permitimos que nos convenzan de que necesitamos todo ese «aparejo». Cuando permitimos que esto ocurra, comenzamos a considerar a los familiares sentimientos y pensamientos negativos como viejos amigos; y aunque queremos liberarnos de ellos, seguimos recurriendo a sus poderes para que nos ayuden. Confiamos en ellos para que nos guíen, como cuando caminamos y hablamos con pensamientos atormentados, o cuando nos arrojamos en brazos de las emociones cargadas de ira por la fuerza que nos transmiten a corto plazo. Pero la verdad nos indica otra cosa. Por ellos mismos, *los estados negativos no nos proporcionan nada de valor.* Al contrario, convierten en víctimas a todos los que recurren a ellos. Un breve ejemplo ayudará a probar este último e importante punto y revelará cómo nos dejamos engañar para ir contra nuestro propio beneficio.

Cuando la vida se desmorona, o amenaza con descarrilar, resulta casi natural que acarreemos un estado emocional que incluya desespero, estrés o depresión. Pero, ¿por qué aferrarnos a algo que nos duele? La respuesta es sorprendente, pero obvia, una vez somos conscientes de qué es lo que ocurre realmente en nuestro interior.

Los estados de ánimo negativos nos dictan cómo debemos sentirnos.

De algún modo extraño e invisible, el peso de una oscura preocupación nos sirve de prueba de que no tenemos «otra opción» que cargar con ella para caer, sentirnos traicionados o disponernos a pelear. Lo que nos lleva a nuestra siguiente lección clave.

La vida real no puede hacer nada para hundirnos, igual que el sol naciente no aplasta las flores de primavera que esperan verse bañadas en su luz nutricia.

Ahora demostraremos esta gran verdad eterna. Cada una de las tres lecciones clave especiales que siguen va acompañada de cuatro reflexiones, paso a paso, destinadas a ayudarte a comprender que tu auténtico Yo ya es libre. El valor que necesitas para demostrártelo aparece dentro de ti –por sí solo– cada vez que vislumbras esa nueva sabiduría que lo hace posible.

LECCIÓN CLAVE 1:
Ningún miedo psicológico forma parte de tu equipo original

Prueba: No has nacido con un proyector de diapositivas dentro de la cabeza, ¡y menos con uno que venga cargado de imágenes negativas no deseadas!

Reflexión: Sin imaginación negativa, no existe ningún miedo psicológico.

Explicación: Ningún acontecimiento, por sí mismo, es causante del miedo que sentimos en el momento de su aparición. William Shakespeare, cuyas percepciones del funcionamiento de la mente humana siguen siendo auténticos tesoros a pesar del tiempo transcurrido, confirma este importante hallazgo: «Nada hay que sea bueno ni malo, sólo el pensamiento lo hace así». La misma sabiduría se aplica a los acontecimientos que conforman nuestra vida: en cada situación no encontramos nada más y nada menos que la gran abundancia de posibilidades que nos ofrece.

La mente adormecida ante sí misma hace que aparezcan monstruos donde no los hay, igual que la imaginación desbocada de un niño crea formas amenazadoras a partir de las sombras de las paredes. En estos casos, sentimos miedo cuando nuestra mente ve algo que nos amenaza de algún modo. Pero lo que la mente que se siente así no es capaz de reconocer, lo que debemos ver si queremos ser libres es que ¡está viendo una imagen negativa que ella misma ha creado! Este nivel mental, dividido e inconsciente respecto a sus propias creaciones, ¡nos dicta a continuación lo que debemos hacer para protegernos de su propia proyección!

Para que visualices cómo se desarrolla esto en una mente aún adormecida ante sí misma, imagina un equipo de falsos exterminadores, uno de los cuales desliza termitas bajo tu puerta trasera, mientras el otro llama a la puerta principal para venderte un servicio que a partir de ahora vas a necesitar. El famoso físico y filósofo David Bohm arroja más luz sobre este importante aspecto de la naturaleza de la mente dividida:

Lo que piensas aparece en tu conciencia como un espectáculo. Así funciona el pensamiento al mostrar su contenido, como un espectáculo de la imaginación. De este modo, si crees que el observador está separado de lo observado, aparecerá en la conciencia como dos entidades distintas.[1]

¿Cómo nos permite este nuevo conocimiento desprendernos de lo que nos hace daño? Imagina un artista que por la noche, sonámbulo, baja a su estudio y pinta un cuadro que, cuando despierta a la mañana siguiente, le aterroriza. ¡No tiene ni idea de cómo ha podido ocurrir! De modo que adquiere un carísimo sistema de seguridad, contrata un servicio de vigilancia y toma multitud de otras medidas para protegerse de ese intruso imaginario. Ninguno de esos esfuerzos da resultado ¡y nosotros sabemos por qué! Sólo cuando instala una cámara que se activa con el movimiento descubre al verdadero culpable: ¡él mismo! Chocante, sin duda, pero el resultado es maravilloso. El miedo del artista desaparece justo en el momento en que descubre su causa.

Tu nueva acción: La próxima vez que algún miedo intente arrastrarte a su mundo de preocupación –primero mostrándote que todo es oscuro y maligno, luego diciéndote cómo conseguir que todo vuelva a ser color de rosa–, opta por esta acción en su lugar.

Cuando se presenta una situación amenazante, ya sea en forma de un hecho concreto o a causa de la aparición de un pensamiento preocupante, recuerda que ningún miedo existe fuera del sueño que hace que parezca real. Entonces

---

1   *The Limits of Thought: Discussions between J. Krishnamurti and David Bohm.* Ray McCoy, ed. Routledge, Nueva York, 1999.

simplemente permanece tan atento a tu propio yo como puedas y contempla lo que te estás obligando a ver en ese momento. Esta conciencia nueva y más agudizada revela lo impensable. Tu mente se está asustando a sí misma. Cuando te des cuenta de que el sentimiento es real, pero el «porqué» es una mentira, habrás desenmascarado los dos aspectos del engaño, y el estado negativo desaparecerá por sí mismo. Este tipo de claridad da lugar a un nuevo tipo de valor espiritual, pues ahora sabes que de lo único que tienes que librarte es de un malentendido acerca de quién eres en realidad. Y, a raíz de esto, despunta una promesa que no hubieras podido ver de otro modo. Ya eres libre; sólo que hasta ahora no te habías dado cuenta de ello.

LECCIÓN CLAVE 2:
Ningún resentimiento doloroso ni remordimiento forma parte de tu equipo original

Prueba: ¡No has nacido con una mente que es un álbum previamente lleno de fotos!

Reflexión: Los resentimientos y los remordimientos no existen a no ser que te dejes engañar para revisitar y revivir alguna imagen mental dolorosa de tu pasado.

Explicación: El pasado no tiene ningún poder sobre tu auténtico Yo. Piénsalo. ¿Acaso el eco de una palabra pronunciada tiene el poder de cambiar la voz que la pronunció? Desde luego que no. Lo sucedido en tiempos de «érase una vez» –sea cual fuese su índole– no tiene ninguna autoridad sobre nosotros en el momento presente. La verdad sobre el pasado es simplemente que ya ha pasado. Esto quiere decir que nuestra experiencia de cada momento –ya sea de placer, de dolor o de preocupación– es un reflejo directo de aquello con lo que nos relacionamos en el presente. Un breve ejemplo nos mostrará la verdad de esta idea simple pero crucial.

Dos amigos salen juntos a compartir un picnic en un cálido y hermoso día de primavera. Tienden el mantel sobre una colina suavemente ondulada y comen en medio de un océano de verdor cuyas olas son coloridas flores. Mientras comen, uno de ellos mira a través del prado abierto, empapándose del inefable deleite de tanta belleza natural. Ella, absorta en el amplio abanico de vida que se manifiesta a su alrededor, piensa, «No hay nadie más afortunado que yo», y desearía que el mundo entero pudiese experimentar la paz y la felicidad que inundan su corazón.

En el mismo instante, sentado a menos de un metro de distancia de ella –rodeado en igual medida por ese ramillete vivo de flores de primavera–, su amigo tiene una experiencia completamente diferente. Su atención está fija en una horrible experiencia que tuvo el día anterior. Con los ojos de la mente, ve el semblante de su jefe de departamento, con una sonrisa de suficiencia, que le dice que no le van a dar la promoción que esperaba. Lo que es peor ¡en su lugar se la han dado al nuevo «chico maravilla», al quien él no puede ver, y por si fuera poco tendrá que trabajar ahora a las órdenes de ese niñato!

Ahí está la clave. Aunque el hombre está mirando el mismo campo cuajado de flores que su compañera, lo que ven no tiene nada en común. Mientras que ella desearía que todos pudiesen conocer su felicidad, él sólo quiere escapar de su dolor. Pero ahora nosotros entendemos algo que él aún no ha aprendido acerca de su estado no deseado. No es más que el prisionero inconsciente de una pesadilla autoinducida. Aunque parezca inverosímil, la amargura que siente al revivir ese momento es inseparable de su nueva visita a ese recuerdo teñido por la emoción. La vida no le está castigando; ¡él se está castigando a sí mismo al mirar atrás hacia lo que luego desearía no haber visto!

Quizás llegue el día en que este hombre se harte de este tipo de conflicto creado por él mismo y comprenda la verdad acerca de su condición: las malas hierbas del resentimiento y el remordimiento no pueden crecer bajo la luz de una mente que sabe a qué debe –y a qué no debe– prestar atención.

Tu nueva acción: Nuestra atención nos conecta a la vida, establece nuestra relación con todo lo que se desarrolla a nuestro alrededor y en nuestro interior. Nuestra experiencia de la vida refleja estas relaciones igual que un arcoiris revela los diferentes colores de la luz. Esto quiere decir que, cuando el rencor o el remordimiento oscurecen el día, sólo hay un motivo para nuestro pesar: nos hemos dejado engañar para revisitar y reformular algún momento doloroso de nuestro pasado. Simplemente hemos hecho una mala conexión interna, debido a un descuido temporal de la atención.

Si esto te ayuda, piensa en momentos de apuro como el que puede presentarse cuando, absorto en tus pensamientos, das un largo paseo por la ciudad. ¡Quizás estabas enredado en recuerdos de los «tiempos felices»! De repente, te das cuenta de que, mientras estabas soñando, te has adentrado por error en un barrio peligroso, donde sabes que es fácil que te suceda algo malo. ¿Qué haces entonces? ¿Te quedas ahí, odiándote a ti mismo por haberte metido sin querer en ese atolladero? ¡Desde luego que no! Así pues, despierta al peligro en el que te has metido a ti mismo ¡y sal ahora mismo de ahí!

Podemos recurrir a esta misma sencilla acción siempre que nuestra atención se despiste y nos lleve al peligroso barrio de nuestro doloroso pasado. En otras palabras, si el estado de rencor o de remordimiento que nos invade se debe a una mala conexión, basta con que nos desconectemos deliberadamente de ese pensamiento oscuro tomando conciencia de quiénes somos y de cómo hemos llegado hasta ahí. Al recuperar nuestra atención –al traernos a nosotros mismos de vuelta al momento presente– nos liberamos de nuestra relación inconsciente con el pasado, dejando su dolor a nuestras espaldas, donde pertenece. No has de hacer nada más, excepto disfrutar de lo bien que te sientes siendo libre.

LECCIÓN CLAVE 3:
La ansiedad –con sus dolorosos apuros– no forma parte de tu equipo original

Prueba: ¡No naciste con un tiovivo en tu mente, y menos con un billete para montar en él de por vida!

Reflexión: El estado de ansiedad sólo existe vinculado a la ilusión de que la seguridad, la felicidad y la integridad que anhelas se encuentran en algún lugar fuera de ti, «en algún momento del futuro».

Explicación: Imagina lo siguiente. Alguien a quien conoces y en quien confías –un viejo amigo– te dice, «Deprisa, ven conmigo; ¡acabo de encontrar lo que buscas! Está en la otra punta de la ciudad, pero vale la pena el viaje». De modo que sigues a tu amigo, emocionado por lo que prometen sus palabras. Pero, en lugar de llevarte a algún sitio que desconoces, te conduce al parque infantil que se encuentra justo enfrente de tu casa. Instantes después te monta en el tiovivo y, antes de largarse dejándote que des vueltas y más vueltas, se despide con estas palabras: «¡Ya casi has llegado continúa!». ¿Cuántas veces seguirías a un «amigo» como éste? ¿Alguien que te promete la luna, pero que te da gato por liebre? De pronto, la sabiduría del antiguo proverbio salta a la vista: «Si me engañas una vez, el culpable eres tú. Si me engañas dos veces, el culpable soy yo». Una vez la situación está clara, también lo está nuestra elección al respecto.

Nadie tolera tomar parte en un engaño que, en vez de proporcionar felicidad, la impide. ¿No es así? Entonces, ¿por qué seguimos aferrándonos a pensamientos y sentimientos llenos de preocupación que no hacen más que arrebatarnos nuestro amor por la vida? La sorprendente respuesta a esta pregunta equivale a abrir la puerta a una vida libre de pensamientos y sentimientos sombríos.

Cada vez que nuestra mente imagina algo placentero –ir a algún lugar agradable, plantearnos una nueva relación o creer que podemos tener más éxito del que hemos tenido hasta ahora– algo más surge en nosotros al mismo tiempo: junto a ese nuevo deseo imaginado nace un sentimiento de ansiedad. Todos hemos sentido la presencia de este inquietante estado, aunque a menudo no seamos conscientes de él. Al principio, esta incipiente ansiedad pasa mayormente desapercibida, y por un buen motivo: el ojo de nuestra mente, nuestra atención, está centrado por completo en el placer que imaginamos que pronto alcanzaremos. Pero en tiempo real –en la realidad del momento– se está desarrollando una historia muy distinta. Por favor, lee con atención las ideas que siguen para conseguir ver todo el «panorama».

Sea lo que sea aquello que imaginamos –una nueva felicidad o un sentido de plenitud– *no es real*. Si lo fuera ¡no haría falta que intentásemos crearlo en la imaginación! Un examen más atento de lo que nos ocurre cuando ponemos nuestras esperanzas en «lo que está por venir» revela cómo nos perjudicamos sin darnos cuenta.

¿Podemos ver que ha de existir una especie de «distancia» psicológica entre cualquier sueño de una felicidad por venir y aquella parte de nosotros mismos que la conjura? Es así. Hay un tiempo y un espacio implícito, pero *imaginario*, entre cómo nos vemos a nosotros mismos en el presente y la persona más feliz que seremos «tan pronto como...». ¡Y de esta distancia completamente imaginaria proceden todos nuestros sentimientos de ansiedad con sus dolorosas exigencias! Finalmente, *antes* de lograr esa plenitud a la que aspiramos, tenemos que tomar medidas para cerrar esta brecha imaginaria; y cuanto antes, mejor. Después de todo, ¡hay mucho en juego! Éste es el verdadero motivo:

> *Es imposible imaginar una plenitud futura sin sentirse, en el presente, extrañamente incompleto, como si nos faltase algo esencial.*

Todos hemos sentido esta inquietud cada vez que elaboramos un nuevo plan para sentirnos «mejor» con nosotros mismos. Es un poco como esa súbita sensación de hambre que nos invade cuando imaginamos una comida especial que tomaremos más tarde ese mismo día. La ansiedad ensombrece todas las expectativas, pues con los nuevos retos aparecen pequeños miedos. Y, a medida que este sentimiento de ansiedad por estar incompletos emerge hasta nuestra conciencia, va asociado a una cierta presión para que nos apresuremos. ¡Nos sentimos forzados bien a perseguir (o proteger) lo que hemos imaginado, o bien a perder nuestras esperanzas de paz y felicidad! El engaño se completa y –¡bang!– la trampa se cierra. En la lucha que se produce a continuación para escapar de la preocupación que va en aumento, saltamos al tiovivo de pensamientos y sentimientos, ¡confiando en que si seguimos dando vueltas, conseguiremos liberarnos! Lo que sucede a continuación lo sabemos muy bien. Damos más y más vueltas, saltándonos o atropellando todo lo que encontramos en nuestro camino, intentando en vano alcanzar la plenitud que imaginamos que nos espera más adelante.

> **Tu nueva acción:** Si permanecemos presentes ante nosotros mismos, la ansiedad carece de poder para mantenernos cautivos. Aprendamos ahora cómo actuar a partir de este nuevo conocimiento y liberarnos de los pensamientos y sentimientos de ansiedad que nos atenazan.

Los nativos de las selvas tropicales de América del Sur inventaron una astuta trampa para capturar a los monos que allí viven. Construyen una caja de madera en la que cuelgan una pieza de alguna fruta de las que les gustan a los monos de aquella zona. Luego practican un pequeño agujero en la parte frontal de la caja, suficientemente grande para dejar pasar la mano de un mono, ¡pero demasiado pequeño para que esa misma mano, sujetando una pieza de fruta, puede salir con ella! Entonces los cazadores sitúan estratégicamente esa trampa especializada en las rutas frecuentadas por esos animales, se sientan y esperan a algún incauto. Esta trampa funciona prácticamente siempre porque, aunque parezca extraño, incluso cuando los cazadores se aproximan, los monos no sueltan la fruta que sostienen en la mano; ¡de hecho, ¡se meten ellos solos en la trampa! Los nativos sólo tienen que acercarse y cobrar su presa.

Si nos sentimos atrapados por pensamientos y sentimientos de ansiedad es únicamente porque nos resistimos a abandonar la falsa idea de que alcanzar la cumbre y la felicidad de nuestra auténtica plenitud requiere tiempo. Nuestra invisible creencia en esta fantasía crea ese futuro incierto hacia el que sentimos que debemos apresurarnos. Y esta misma fantasía se encuentra detrás de los miedos que nos acosan cuando perseguimos lo que sea que creamos que nos hará alcanzar la plenitud. Pues implícita en la idea de que siempre tenemos algún lugar al que «llegar» está el peligro de que si no nos damos prisa y «lo alcanzamos» perderemos esa realización que imaginamos que nos espera. Pero ésta es la verdad que nos llevará al camino que conduce a la libertad:

> *Tu auténtico Yo es de por sí pleno e imperecedero; cualquier parte de nosotros que nos impulse a buscar un sentido de nuestro Yo mayor, mejor o más luminoso más allá del momento presente es el germen de un engaño y, a la vez, de su amargo fruto, la ansiedad.*

Los pensamientos y sentimientos de ansiedad no pretenden ayudarnos a alcanzar la tierra prometida. Al contrario, nos mantienen prisioneros en el mundo de sus promesas huecas. El valor para ver la verdad de este hecho es el mismo valor que necesitamos para ser libres y alejarnos conscientemente de estos poderes impostores, no importa cuán convincentes resulten al decirnos que no podemos vivir sin ellos. Después de todo, ¿quién se aferra a sus captores?

PARTE II

Principios del valor

Reivindica tu derecho a ser libre

CAPÍTULO 5

Claves para tomar el mando de tu vida

¿Cuál es el valor de estar al mando de nuestra propia vida? ¿Que los demás nos aplaudan por nuestra fuerza de carácter? ¿O ganarnos la aprobación de los nuestros, que dicen de nosotros que somos una auténtica «roca»?

Cuando estamos al mando de nuestra vida, pueden presentarse conflictos de uno u otro tipo, pero ya no pueden engañarnos para que nos pongamos en peligro al confundir, por ejemplo, el resentimiento o la ira con auténtica fortaleza, o la descarada arrogancia con la serena confianza.

Cuando estamos al mando de nosotros mismos, no decimos cosas crueles a los demás. No nos apresuramos. El miedo no puede anidar en nuestro interior. Los dolorosos remordimientos por los días pasados se convierten en algo del pasado; los días oscuros pierden su poder para abatirnos porque ahora sabemos cuál es la diferencia entre las nubes pasajeras y los cielos que éstas atraviesan. Esto es auténtico dominio de uno mismo.

Quizás te preguntes si es posible saber si este estado de autodominio sin esfuerzo existe. Como verás a continuación, la respuesta es que sí. De hecho, sólo hay una razón que motive que nos veamos arrastrados por pensamientos y sentimientos negativos, ¡y no es precisamente porque sean demasiado poderosos para que los mantengamos a raya!

¡Es posible que el verdadero motivo de que perdamos el dominio al que aspiramos te sorprenda! Se debe a cierto tipo de «olvido» que definiremos de este modo:

En nuestros momentos difíciles, no somos capaces de acordarnos de esa parte de nosotros mismos que se resiste a ser utilizada para algo que no haya elegido por sí misma.

Por simple que parezca, recuperamos el verdadero dominio en cuanto recordamos esta verdad. Obligarnos a salir del sueño espiritual en que hemos caído equivale a despertar de cualquier oscuro sueño que dominase nuestra mente un momento antes. Estudiemos esta nueva e insólita idea, y averigüemos por qué funciona mientras que todos los demás métodos para lograr el autodominio se quedan cortos.

A pesar de que sabemos lo nocivo que es arremeter contra los demás, lanzar un ataque iracundo o actuar con mala intención, solemos hacerlo de todos modos. Las siguientes revelaciones ayudan a aclarar por qué nos sucede eso y cómo, en efecto, somos obligados a actuar contra nosotros mismos y contra las personas a las que queremos sin saber realmente por qué.

Siempre que nos sentimos amenazados de algún modo, tenemos tendencia a adoptar un comportamiento de «respuesta automática». Determinadas reacciones habituales surgen y de hecho «se hacen cargo» de nuestros pensamientos y sentimientos. Así, en cierto modo, quien se enfrenta en realidad a estos acontecimientos no deseados no es nuestro auténtico Yo. Si damos un paso atrás y nos observamos con ojos imparciales, esto es lo que veremos que ocurre realmente en nuestro interior: quien nos dice cómo nos sentimos, qué hemos de hacer, incluso quiénes debemos ser, es *lo que en esos momentos se nos ofrece en el recuerdo*. Veamos un ejemplo que nos ayudará a aclarar este importante descubrimiento:

Siempre que actuamos de modo cruel respecto a otros, es porque algo cruel «toma el mando y maneja» ese momento por nosotros haciendo lo que recuerda que debe hacer. Dicho de otro modo, un estado de crueldad impone sus reglas sobre nosotros y hace de nosotros lo que quiere en el instante siguiente. Lamentablemente, no recordamos que existía una solución mejor hasta que hemos de enfrentarnos a la aflicción que se deriva de haber perdido nuestra libertad.

¿Cuál es la solución para este tipo de olvidos? Primero, sin juzgarnos a nosotros mismos, debemos reconocer la verdad de nuestra presente situación (psicológica): los hechos nunca mienten. Reaccionamos ante los retos que nos presenta la vida a partir de nuestras zonas inconscientes, que literalmente nos dictan un guión y luego nos dirigen para que interpretemos un papel doloroso. No estamos hechos para vivir de este modo, como prisioneros en tiempo real de nuestro pasado, cautivos de un condicionamiento cuya única función es perpetuarse a sí mismo. Dentro de nosotros, esperando que despertemos a él, vive un estadio de Yo que no olvida lo que está bien, lo que es bueno y lo que es verdad, del mismo modo que el sol no puede olvidarse de brillar cada día. Vamos a demostrar la autenticidad de esta valiosísima idea.

Quién de nosotros no ha vivido momentos en que ha visto la verdad sobre algo y, a la luz de esa revelación, ha pensado: «¡Aja! Siempre supe cuál era la verdad, pero la había olvidado». Es correcto decir «la había olvidado», porque en ese instante podemos ver que nuestra «nueva» comprensión no es en realidad nueva. Vemos que siempre supimos la verdad y que ahora, debido a circunstancias afortunadas, la reconocemos de nuevo. Hagamos un breve resumen.

Dentro de nosotros vive un orden de ser que sabe, *sin necesidad de pensar en ello*, qué es lo realmente bueno para nosotros y para los demás. El problema reside en que este orden de ser superior —con su autoridad tranquila y natural— nos falla cuando más lo necesitamos. ¡El verdadero problema está en que lo olvidamos! Olvidamos que es nuestro derecho recordar lo que queremos recordar, en lugar de aquello que nos obligan a recordar.

He aquí tres principios espirituales ideados para ayudarte a recordar y restaurar tu autocontrol natural. Permíteles que te recuerden lo que ya sabes que es verdad y verás lo fácil que te resulta hacer lo que es verdad en los momentos difíciles. En muy poco tiempo, tu ansiosa búsqueda de autocontrol se desvanecerá igual que la sombra huye ante el sol del mediodía.

No hay inteligencia en ningún sentimiento o pensamiento de temor o angustia

¿Qué ocurre cuando permitimos que los pensamientos o sentimientos atormentadores nos digan lo que tenemos que hacer ante nuestros problemas? ¡Que surgen más pensamientos y sentimientos atormentadores! ¿Por qué? Porque prestamos oído a pensamientos y sentimientos negativos que nos dicen qué hacer respecto a la oscuridad que nos rodea. ¡Eso es como intentar salir de una cueva y alcanzar la luz del sol siguiendo a un murciélago! Debemos recordar que no hay inteligencia en ninguna preocupación, ira o miedo y a continuación tener el valor de actuar según nuestro entendimiento. Veamos un ejemplo.

Quizás ha habido una novedad desagradable en el trabajo o tu mujer ha mencionado un asunto preocupante en casa. De pronto, te invade una avalancha de pensamientos de ansiedad. ¿Y si en ese momento pudieras recordar lo que quieres recordar, lo que sabes que es verdad? ¿Si pudieses recordar que no hay nada bueno, no hay nada salvador, en aferrarse a una preocupación o miedo? ¿Acaso la facultad de recordar a tiempo esta verdad no te ayudaría a desechar todos esos miedos que quieren arrebatarte tu autocontrol? ¡Desde luego! Por el solo hecho de recordarlo, esa dolorosa necesidad de perseguir una manera de recuperar el autocontrol desaparece, ¡porque no has renunciado a él de entrada!

Ningún estado negativo tiene derecho a dominar tu vida

Cuando las cosas no van como quisiéramos, tenemos tendencia a volvernos negativos de inmediato. Es como si algo en nosotros accionase un interruptor y, en un instante —como si estuviésemos atrapados en la marea que sube– la resistencia nos arrastra. Pero esta resistencia inconsciente a la realidad nunca se muestra tal como es; ¡no puede, pues en ese caso, se acabó! Después de todo ¿quién se pondría del lado de algo que está siempre en contra de la vida?

La resistencia es el padre invisible de todos los estados negativos persistentes. Deriva su poder para engañarnos de la habilidad para ocultar su dolorosa presencia con una especie de falsas pistas. Se esconde tras una multitud de imágenes asociadas que siempre la acompañan, determinados pensamientos y sentimientos que prometen protegernos o bien nos ofrecen planes para escapar de nuestra situación. Pero debemos aprender a ver que la verdadera naturaleza de todas las cosas –desde una hoja que acaba de brotar a un pensamiento o sentimiento de temor– es inseparable de su función. Así, no importa cuál sea su apariencia, cualquier estado perturbador en nosotros que «dice» que quiere alejarnos de un miedo nos está conduciendo en realidad hacia él.

He aquí la idea principal: ¡la resistencia es atracción negativa! ¡Nos atamos a aquello que no deseamos! Puedes demostrar tú mismo este resultado no deseado intentando alejar de ti una mano con la otra. Esta acción sólo consigue forzarlas a unirse aún más, incrementando la presión entre ambas. Esto quiere decir que el primer paso para liberarnos de la tensión de esta relación autodestructiva consiste en ver que sin quererlo, ¡nos hemos atado a ella! La clave está en tener el valor de no oponer resistencia, y recordar que lo que realmente deseas es dejar ir.

El dolor no es ni natural ni una parte necesaria de los errores

Hay una razón muy sorprendente que explica por qué tendemos a sufrir por nuestros errores del modo en que lo hacemos. La auténtica fuente de nuestro dolor en esos momentos —tanto da que estemos solos o con otros— es el miedo a vernos inferiores a lo que creíamos ser. Todos sabemos lo que significa intentar mantener las apariencias, arañar los restos de nuestra dignidad perdida. Pero tratar temerosamente de disimular un fallo no es lo mismo que saber a dónde vamos. De hecho, siempre que nos sentimos impulsados a borrar nuestras huellas, hay algo que nos dirige, ¿no es así? La verdadera pregunta es ésta: ¿qué parte de nosotros mismos quiere que creamos que un buen «remiendo» es lo mismo que hacer las cosas bien? La respuesta es sorprendente: Es nuestro yo «no-auténtico» un estadio de ser que sólo se conoce a sí mismo a través de un montón de imágenes sociales adquiridas, que incluyen la falsa noción de que deben ser protegidas a toda costa.

Aunque no lo hayamos visto claro aún, flagelarnos a nosotros mismos después de haber metido la pata no quiere decir que supiésemos hacerlo mejor de cómo lo hemos hecho, ni tampoco este tipo de sufrimiento conduce a un mayor control o mejores decisiones la próxima vez. Las acciones de autocastigo sólo prueban una cosa: algo en nuestro interior prefiere sufrir por lo ya sucedido antes que estar atento a aquellas partes de nosotros que obraron mal. El verdadero autocontrol despunta en nosotros sólo cuando comprendemos que revivir el pasado no puede cambiar un desencuentro actual; la luz de nuestro nuevo conocimiento nos revela que tener el valor de soltar ese aspecto del Yo que insiste en obrar mal con nosotros y con los demás es mucho más importante que mantener las apariencias. Este mismo conocimiento nos infunde el valor necesario para recomenzar nuestra vida una y otra vez.

CAPÍTULO 6

Obra de acuerdo con lo que sabes que es verdad

Los principios verdaderos sólo pueden actuar como agentes del cambio en nosotros si optamos por ponerlos en práctica. Su capacidad de restaurar el autocontrol, concedernos tranquilidad de espíritu o liberarnos de temibles estados oscuros vale lo mismo que nuestra disposición a recurrir a sus poderes. Por eso debemos llevar a cabo el esfuerzo personal necesario para poner en práctica los principios más elevados. Napoleon Hill, uno de los primeros grandes pioneros del desarrollo personal, afirma: «Podemos llegar a ser por completo dueños de nosotros mismos, si así lo deseamos. Lo que hay que tener presente ante todo es acceder primero al conocimiento y luego actuar de acuerdo con él».[1] ¡Actuar de acuerdo con él! La sabiduría es la semilla de la libertad, pero sólo puede florecer a través de la acción.

Estudia atentamente las lecciones especiales que vienen a continuación. Acepta sus ideas y permite que la sabiduría

---

1   Napoleón Hill, citado en Lilian Eichler Watson, *Light From Many Lamps*. Simon and Schuster, Nueva York, 1951.

que contienen te recuerde la parte equivalente en tu propia conciencia. Poco a poco, pero de una forma tan segura como la bellota se convierte en un roble, tu conocimiento aumentará y crecerá tu poder. Un nuevo valor inundará todas tus acciones y el cambio será inequívoco. En lugar de revivir viejas reacciones que no te llevan a ningún lado, seguirás un camino de transformación incesante. Y el combustible que impulsa esta espiral creciente de autorrenovación es simple. Estás aprendiendo a actuar de acuerdo con lo que sabes que es la verdad acerca de los estados negativos, en vez de permitirles a ellos que te dicten la verdad *acerca de ti mismo*.

1. Comprende que cualquier sentimiento persistente de descontento pertenece a un nivel inconsolable de tu Yo que cree que puede escapar del dolor reviviéndolo. Entregarte a este tipo de sufrimiento inconsciente es como si te cayeses de un barco en alta mar y creyeses que un gran tiburón blanco te salvará si le prometes que le darás una sardinita. ¡Sabes muy bien qué sucedería! Ahora, ten el valor de actuar de acuerdo con este conocimiento. En adelante, niégate a rendirte a una naturaleza que disfruta quejándose de sus circunstancias, sin hacer nada por cambiarlas. Tu recompensa: te liberarás de la falsa creencia de que los pensamientos o sentimientos sombríos tienen algún poder para mejorar tu vida.

2. Comprende que hay partes de ti que siempre quieren tomar el camino más fácil: hacer las cosas a medias, evitar retos innecesarios, con el mínimo esfuerzo y pedaleando sólo cuando es inevitable. Ahora ten el valor de

actuar de acuerdo con este conocimiento: elige deliberadamente el camino más difícil y termina lo que empie-
zas. Sal al encuentro de todo aquello que querrías evitar,
y persiste en lo que sabes que es verdad para ti hasta que
toda resistencia a estas nuevas acciones demuestre ser un
engaño. Tu recompensa: descubrirás que al otro lado de
la resistencia está el fluir que te lleva, sin esfuerzo, más
allá de ti mismo.

3. Entiende que la ansiedad –saltar de una cosa a otra o
hacerlas a toda prisa– no hace más que llevarte más deprisa a ninguna parte. Cuando te encuentres en un estado de aceleración loca, recuerda que a lo que realmente
aspiras es a una mente relajada, ese estado apacible de tu
auténtico Yo que sólo alcanzarás si comprendes esto: no
hay nada que te dé mayor poder que estar presente en
cada momento. Ahora ten el valor de actuar de acuerdo
con este conocimiento: ralentiza deliberadamente tu vida. Atrévete a plantarte en medio de la corriente de tus
pensamientos y sentimientos precipitados, en lugar de
permitirles que te arrastren con ellos. Tu recompensa: la
comprensión, profundamente refrescante, de lo que significa estar «limpio» de estados de ansiedad.

4. Comprende –a pesar de las refinadas actuaciones que te
hacen creer lo contrario– que todas las personas que conoces sufren igual que tú. Nadie quiere que los demás
sepan del peso de su dolor no confesado. Sin embargo,
todo el mundo camina lastrado por sueños rotos, cora-
zones rotos y penas de todo tipo. Ahora ten el valor de

actuar de acuerdo con este conocimiento. Niégate a volver a añadir al dolor de otros ni siquiera una pequeña porción del tuyo. El sufrimiento que aceptes cargar de este modo no sólo te ayuda a aligerar la carga de los que lo necesitan, sino que sirve también para despertar en ti el afán de ser un verdadero «amigo en dichos y hechos». Tu recompensa: el nacimiento de un nuevo tipo de compasión que no sólo florece frente a la debilidad ajena, sino que su fragancia ayuda a sanar a todos los que la sienten. Recuérdalo siempre:

Tu auténtico Yo no puede evitar actuar siguiendo lo que está bien, es bueno y verdadero, lo mismo que el sol no tiene que recordar que ha de brillar cada día.

CAPÍTULO 7

Empieza a ver el lado bueno cuando las cosas pintan mal

Más a menudo de lo que la mayoría de nosotros queremos admitir, nos topamos con circunstancias no deseadas que parecen poner en cuestión la propia esencia de nuestro ser. Casi cualquier cosa puede ser la proverbial brizna de paja que nos rompe la espalda: la traición de un amigo, la pérdida de la salud o de un ser querido, inesperadas dificultades económicas. Incluso un sueño roto puede sumirnos en una sombría pesadilla. Desde luego, nadie salta de la cama por la mañana y piensa, «¡Hoy espero encontrarme con circunstancias imposibles!».

Es bien sabido que las olas de un temporal a menudo dejan al descubierto nuevos tesoros en la orilla; los que conocen el secreto valor de los mares agitados pueden recolectar riquezas inesperadas. No obstante, aunque la mayoría tenemos poca tolerancia hacia cualquier cosa que «haga bambolearse nuestro barco», la verdad del asunto es evidente:

Las circunstancias no deseadas nos muestran partes de nosotros mismos que de otro modo nunca sanarían, si no fuese por las dificultades que primero las ponen al descubierto y luego nos llevan a liberarlas de su dolor.

El problema es que cuando las cosas van «mal», tenemos tendencia a presentar batalla. Confiando en enderezar lo que consideramos que se ha torcido, nos esforzamos por reconstruir nuestro anterior sentido de nosotros mismos, luchando por restaurar lo que la vida se ha llevado por delante. Pero cada vez que oponemos resistencia a la vida de este modo, nos perdemos el descubrimiento de una nueva y audaz comprensión que es el mayor de todos los tesoros.

El único motivo por el que la vida cambia como lo hace es para revelar la secreta bondad que subyace en esos cambios.

Cuando las cosas nos van «mal», no deberíamos intentar «regresar» a quién y qué éramos anteriormente. Para ver el acierto de esta idea, tenemos que estar dispuestos a comprender que el dolor en episodios no deseados puede ser una roca contra la que nos estrellamos una y otra vez –una tormenta sin fin– o bien podemos utilizar este mismo sufrimiento *como un punto de inflexión*, como un momento de cambio real que sólo aflora cuando todo parece perdido. Veamos una sencilla ilustración para aclarar esta idea.

Si frotamos una contra otra las dos piedras adecuadas, saltará una chispa; habrá un fogonazo de luz. Este mismo principio es válido siempre que «colisionamos» con la vida. En ese instante se iluminan partes de nosotros mismos que nunca antes habíamos visto. Por ejemplo, ¿quién de nosotros no ha chocado contra ese temido momento en que nos damos cuenta de que alguien a quien amamos ha cambiado sus sentimientos respecto a nosotros? De repente vemos, quizás por primera vez, cuán dolorosamente dependientes de su compañía o de su aprobación nos habíamos vuelto y —junto con esta misma angustiosa necesidad— nuestra disposición a ceder, a hacer cualquier cosa para mantener esa relación.

Esta «chispa», la luz de esta nueva y aumentada conciencia de nosotros mismos, es nuestra verdadera amiga en las situaciones no deseadas. Pone al descubierto lo que estaba escondido en nosotros, y nos libera del yugo psíquico de obedecer a aquello que secretamente limitaba nuestro derecho a vivir sin miedo. Si somos capaces de atizar esta chispa de luz interior, de aceptarla en lugar de oponernos a lo que revela sobre nosotros, se convierte en una especie de fuego espiritual, un plano de conciencia superior que siempre nos ayudará a ver la secreta bondad que se esconde tras los momentos aparentemente «malos». De este modo descubriremos detrás de cada amarga decepción la presencia de una dulce luz cuyo poder es capaz de convertir cualquier acontecimiento no deseado en un nuevo tipo de victoria que no habríamos podido imaginar siquiera.

Dejad que comparta con vosotros tres ideas acerca de esta extraña y maravillosa especie de bondad espiritual que parece venir dentro de un paquete con los rótulos: «¡Precaución! ¡Contenido bajo presión!». Da la bienvenida a esta luz en tu vida y aprenderás a trocar la resistencia ante las situaciones no deseadas por la receptividad a las lecciones que traen consigo. Pronto aprenderás, sin tener que pensar en ello, el mayor secreto del universo.

Todas las cosas buenas afluyen a aquellos para quienes la Bondad está en todas las cosas.

1. Aunque nos sintamos mal cuando perdemos algo que nos es muy cercano y preciado, es bueno darnos cuenta de que nada en este mundo, nada que podamos imaginar, es permanente. Aprender a dar la bienvenida a las situaciones que revelan esta verdad nos ayuda a liberarnos de dolorosos apegos a relaciones, posesiones y, naturalmente, a nuestro propio cuerpo. La consecuencia es la libertad respecto a cualquier tipo de falsa dependencia y de los miedos que éstas conllevan.

2. Aunque nos sintamos mal cuando nuestra autoestima se ve zarandeada por los acontecimientos, es bueno ver gracias a estas experiencias que cualquier sentido de nuestro Yo que se derive de imágenes, de poderes sociales, de los elogios o de la aprobación de nuestros iguales no es lo que realmente somos. Aprender a dar la bienvenida a los acontecimientos que revelan esta verdad nos ayuda a liberarnos de la imposible tarea de intentar serlo todo para todos y refuerza nuestra determinación de hacer aflorar nuestro Yo inquebrantable y auténtico.

3. Aunque nos sintamos mal cuando nos topamos con algún tipo de limitación, es bueno ver que, aparte de la certeza que se esconde tras nuestras apremiantes exigencias a la vida, nada más se interpone en nuestro camino. Aprender a dar la bienvenida a los acontecimientos que revelan esta nueva verdad nos enseña dos lecciones clave

acerca de la vida sin limitaciones: ¡cuanto más nos resistimos a ver nuestras propias limitaciones, mayores se vuelven éstas! Y cuando captamos esta verdad, vemos que las limitaciones son ilusiones. Existen sólo mientras nos negamos a recorrer el camino que demostrará que son falsas.

Hay un viejo proverbio que dice algo así: «Dios nunca nos quita algo sin darnos algo mayor a cambio». La tarea de los que aspiramos a la vida divina –aquellos que aspiran a vivir de acuerdo con su auténtico Yo sin miedo– consiste en demostrar nuestra fe en esta idea imperecedera. A través de ella, nos liberaremos.

CAPÍTULO 8

Saber perdonar a los que te han hecho daño

Es casi inevitable: en algún momento, en algún lugar de nuestro camino, nos sentimos traicionados por alguien o por algo. Un amigo nos miente, un ser querido muere, nuestra mascota favorita prefiere la compañía de otro, lo que sea. Y no importa quién sea el que te asesta el golpe, hay otra cosa inevitable: la sensación de que nos han «quemado» nunca parece desvanecerse del todo; sin más ni más, viejas heridas resurgen, avivadas por resentimientos latentes. Incluso si deseamos perdonar y olvidar, poco podemos hacer para liberarnos de esta lacerante sensación en nuestro espíritu.

Que resulte tan difícil manejar estas situaciones no deseadas y sus sórdidas repercusiones se debe a que en realidad no las entendemos en absoluto. Si consideramos lo que hemos perdido —o lo que nos ha costado una amistad desde el punto de vista del Yo que se siente traicionado— casi parece natural que perdure esa sensación negativa.

Sin embargo, ¿acaso este tipo de resentimiento no es exactamente lo que sienten los niños pequeños cuando un padre amoroso les dice que ha llegado el momento de reemplazar algo que quieren por algo nuevo que llegarán a querer aún más? ¡Ya es hora de dejar de lado ese viejo poni de madera para que tu padre te enseñe a montar un caballo de verdad! Durante un tiempo, quizás el niño se sienta como una verdadera víctima, traicionado de algún modo. Pero el padre sabe que le está dando al niño las llaves para acceder a un nuevo estadio de vida que él o ella son incapaces de imaginar. Esta desconexión temporal entre niños y padres se produce por un motivo fundado: el adulto es capaz de ver ambos mundos al mismo tiempo –el viejo mundo del niño y las nuevas posibilidades que se abren ante él– mientras que los niños sólo ven aquel en el que se sienten felices y seguros.

A escala, este mismo principio se aplica a nosotros cuando nos enfrentamos a nuestros momentos de pérdida. Quizás por ahora no lo veamos así, pero siempre que se nos presenta una situación no deseada –que nos arrebata algún vínculo querido– entra en escena la intervención de un mundo sobre otro. Por un lado está nuestro mundo familiar –quién y qué hemos sido, con nuestras preferencias y posesiones– y por otro, actuando sobre él, está ese nuevo orden de realidad cuyo significado al principio desconocemos, pero cuyo propósito secreto consiste en ayudarnos a ser conscientes de nuestras posibilidades superiores. Pero cuando nos encontramos ante estas situaciones –situaciones que sólo estas colisiones de dos mundos nos pueden procurar, aunque no veamos más que nuestro resentimiento o nuestro dolor– perdemos de vista ese don espiritual al que no es posible acceder de ningún otro modo.

Sí, alguien nos ha causado una profunda herida. Sí, sentimos rabia y dolor, y todas las turbulentas emociones que van ligadas a estas pérdidas. Pero, tal y como empezamos a comprender, hay algo más tras estos amargos sentimientos de pérdida e ira. Vivimos en un mundo en que nuestras relaciones terrenales pretenden enseñarnos acerca de otros reinos más altos, reinos espirituales donde los afectos terrenales están destinados a ser un escalón que nos permita acceder a un amor más alto.

En este caso, cuando nos sentimos profundamente heridos, la lección más importante oculta en esta prueba consiste en reconocer que ha llegado el momento de soltar qué y quién hemos sido hasta este momento de pérdida. ¿Y «cómo» sabemos que esto es así? ¿Cómo podemos estar seguros de que hay algo bueno en lo «malo» que otros nos infligen? Porque si entendemos que los acontecimientos por sí mismos no tienen capacidad para castigarnos, ¿quién entonces es el culpable de nuestro dolor cuando la vida cambia como *es inevitable que lo haga*? El verdadero culpable en este caso es nuestro actual nivel de Yo, que literalmente se destruye a sí mismo, empeñado en aferrarse a algo que no puede seguir permaneciendo en nuestra vida.

¡Sí! Es cierto que duele cuando te abandonan, o cuando te mienten. Sí, sentimos una gran pena e ira, esas reacciones instintivas que nos invaden y gobiernan un corazón que se siente maltratado. Pero mientras nos aferremos a la falsa idea de que quiénes somos debe definirlo cualquier «otro» –no importa cuán maravilloso sea éste– no nos quedará más opción que sentirnos destrozados cuando nuestras relaciones cambian: *y es inevitable que lo hagan*.

¡Este tipo de sufrimiento tiene una parte buena, si sabemos verla! Aunque parezca extraño, no podríamos habernos dado cuenta de ninguno de nuestros afectos secretos ni habernos entregado a ellos ¡si no hubiese sido por los acontecimientos no deseados que se presentaron y los revelaron! Cada acontecimiento «molesto», bien mirado, es el heraldo de una libertad que aún no conocemos. Si lo tenemos presente, ésta es la lección superior que nos espera al otro lado de cualquier pérdida, siempre que nos mantengamos abiertos a su poder curativo.

En el mundo espiritual que se encuentra más allá, *nosotros somos el otro*. El hombre que llegó a ser dueño de un próspero criadero de caballos es –y siempre lo llevará en su interior– el niño pequeño que no podía imaginar nada mejor que su pequeño poni de madera. Nada real se puede perder. Igual que la semilla debe abrirse para que el joven árbol que contiene pueda brotar de ella, con todo su gran potencial, debemos saber soltar lo que fuimos, y así quizás podamos crecer en su lugar. El amor nunca muere, sólo cambia de forma y de expresión, de manera que veamos su ejemplo y sigámosle gustosos.

Una última reflexión. Nuestra ira y resentimiento hacia alguien que nos ha hecho daño no prueba que nosotros amásemos y ellos no. Lo que nuestra enemistad indica realmente es que aún no comprendemos la verdadera naturaleza del amor, pues de otro modo no estaríamos autodestruyéndonos porque alguien nos haya arrebatado algo por lo que sentíamos apego. El hueco que una pérdida de este tipo crea en nuestra alma debe quedar vacío. Si permitimos que se llene de estados negativos, nunca conoceremos el nacimiento de un nuevo orden de amor porque no habrá espacio para que crezca.

CAPÍTULO 9

Nunca te compadezcas de ti mismo

Lo que hace tan difícil dejar de sentir pena por nosotros mismos es lo *auténtica* que parece esa sensación de estar llenos de autocompasión. ¡Pero cualquier percepción de la realidad que nos exija someternos a un sufrimiento tan centrado en nosotros mismos es una mentira! Aquí tienes uno solo de los muchos descubrimientos que te darán el valor para dejar atrás cualquier sentimiento de compasión hacia ti mismo para siempre. ¡Estúdialo hasta que te pongas a sonreír!

El secreto atractivo de la autocompasión, lo que hace que sea tan difícil prescindir de ella, es que la parte de nosotros que se siente disminuida hace que esa otra parte que señala esas carencias se sienta muy especial.

En general, los estados negativos son parte de una conspiración interna para producir la ilusión de que no tenemos más opción que rendirnos a su atormentadora presencia. Pero, en verdad, no somos nosotros quienes no tenemos otra opción en esos momentos. Más bien es el estado negativo quien no tiene más alternativa que desaparecer en cuanto recordamos que no hay oscuridad que sea mayor que la luz que la desvela. En lo más profundo de nuestro corazón, sabemos que esta idea liberadora es cierta porque todos hemos visto el gran principio que la sustenta.

Sabemos que el amor es más grande que el odio, que el valor mata al miedo y que lo que es ligero, luminoso y bueno brilla aún más cuando hay algo que intenta oscurecer su camino.

La clave para rechazar esas partes de nosotros a las que tanto les gustan las «fiestas de autocompasión» es apagar la cerilla que enciende las velas de la amargura antes de que prendan.

Aquí tienes otro dato salvador; si eres capaz de ver la verdad que encierra podrá aceptar la curación que te aporta.

No hay nada real en nuestro pasado —no importa cuán decepcionante o doloroso haya sido— que pueda atraparnos y convertirnos en cautivos, igual que las sombras oscuras no tienen el poder de impedirnos caminar hacia la luz del sol.

Ahora, si a este dato le añades la comprensión de que nunca hay una buena razón para dejarte arrastrar a sentirte mal acerca de ti mismo, estarás muy cerca de vivir en un mundo libre de autocompasión. Recurre a las siguientes lecciones clave especiales para que te guíen siempre que lo necesites. Utilízalas para fortalecer tu deseo de liberarte de todos los estados sombríos de autocompasión.

1. El único cambio que el sentir pena de ti mismo introduce en tu vida es que la hace peor.

2. ¡No hay vuelta de hoja, es inevitable que te veas involucrado en aquello a lo que te resistes!

3. Revestirse de autocompasión desbarata por completo cualquier oportunidad de ver nuevas posibilidades cuando aparecen. Además, ¡a nadie le gusta la leche agria!

4. Lo único que crece cuando cultivas una oscura semilla de pena es más fruta amarga.

5. Compadecerse de aquellos que desean que se compadezcan de ellos es como darle a un alcohólico un vale de regalo para una licorería.

6. Tus pensamientos no pueden decirte la verdad acerca de tus posibilidades, igual que las rocas en la orilla del río no puede saber cuál es la naturaleza de las aguas que fluyen junto a ellas.

7. Sentir compasión de ti mismo es un veneno de acción lenta. Primero corrompe, luego consume tu corazón, ahogándolo con emociones sombrías e inútiles.

8. No puedes separar las razones que tienes para compadecerte de ti mismo del estado lamentable en que te encuentras.

9.   El corazón que es regado por las lágrimas de la auto-
     compasión pronto se vuelve de piedra; se convierte en
     incapaz de compasión.

10. Cuando aceptas vivir con tristes penas, te aseguras de
     que mañana seguirán acompañándote.

Un último pensamiento. Antes de ser capaces de llegar a
una felicidad libre de cualquier sufrimiento, debemos ser
seres completos, pues cualquier felicidad que no vaya unida
a la integridad es sólo una felicidad a medias y, con el tiempo, se hará evidente.

CAPÍTULO 10

Déjate ir y fluye con la vida real

La vida real no es estática. Su única regla es el cambio. Está muy claro: o aceptamos participar en el proceso de esta eterna renovación, o nos sentiremos perjudicados por él. Esto quiere decir que es imposible ser alguien que sabe cómo «deberían ser» las cosas y al mismo tiempo participar de la incesante novedad de la vida. Sí, quizás sabemos inventar la fórmula para una medicamento, o crear una deliciosa receta para una sopa de verduras, pero ningún sistema de pensamiento puede resistirse a los continuos cambios de la vida real, y aún menos ir a su encuentro sin miedo. No importa cuán complejos sean sus conocimientos, el Yo que sólo se conoce a sí mismo a través de sus propios pensamientos condicionados nunca podrá desarrollarse más allá de ese contenido, igual que una ecuación matemática no puede trascender la línea de símbolos que le da forma.

La verdad es que *es imposible* saber por anticipado qué debemos hacer respecto a una situación concreta. Cuando nos enfrentamos a la vida con ideas preconcebidas acerca de cómo responder a lo que se desarrolla ante nosotros somos como esquiadores que pretenden saber cuándo y dónde hacer un giro *antes* de que nieve. Añadamos a esto el hecho de que siempre que utilizamos como guía los ideales artificialmente elaborados por la sociedad, éstos se convierten muy pronto en una especie de jueces mojigatos, que nos impulsan a castigar a cualquiera que no haya hecho lo que creemos que se debería haber hecho.

El conocimiento, no importa cuán complejo sea éste, es una herramienta. Nace de y pertenece a lo que ya ha pasado. En este sentido, abarca, define y nos pone en relación con la vida a través de lo que ya sabemos que es cierto acerca del mundo social que nos rodea. Por definición, este tipo de comprensión es limitado. Pero la vida real no se limita a lo que ha sido; siempre es nueva porque es la expresión de una inteligencia misericordiosa y viva que moldea activamente todo aquello que toca, al igual que todo aquello que se pone en contacto con ella. Podríamos decir que cada situación se muestra tal como lo hace –en cualquier forma o manera: dura o suave, oscura o alegre– para que *nos revelemos ante nosotros mismos*. ¿Cómo podemos esperar aprender de estas situaciones, ser transformados y perfeccionados por ellas, si nos enfrentamos a ellas con opiniones rígidas y sesgadas respecto a cómo deben desarrollarse? Ninguna forma es libre.

E igual que no confundimos la escalera que debemos escalar con la azotea desde la que esperamos ver las estrellas, no deberíamos confundir ni siquiera el conocimiento espiritual más avanzado con las profundas revelaciones que sólo pueden llegar hasta nosotros si vivimos en el ahora. *El auténtico autoconocimiento es una y la misma cosa que estar presentes por entero en el momento presente.* Como tal, nunca es estático. Este nivel de Yo fluido no le plantea exigencias a la vida, y por eso mismo no le teme a nada de lo que la vida pueda revelarle. Como está libre de temores, nunca ha de imaginar una libertad «por venir», igual que un río no necesita imaginar cómo fluir.

Cuando estás presente ante ti mismo, observando tranquilamente la relación que va estableciéndose con el momento presente, no tienes mayor necesidad de prepararte para lo que te deparará la vida de lo que una rosa recién abierta necesita prepararse para el calor del sol que le hará liberar su fragancia.

CAPÍTULO 11

Sé amigo de la verdad

¿Puedes recordar cómo, cuando eras más joven, tus padres te decían que no les gustaba que te juntaras con una determinada persona o grupo de personas? La idea que estaba tras su preocupación era muy sencilla, aunque quizás no lo supieras ver en ese momento: si hubieses continuado con esa relación (que ellos consideraban que era «mala» para ti) ¡nada bueno habría salido de ella!

La mayoría de nuestros padres no nos explicaron, o no supieron cómo hacerlo, por qué querían poner limitaciones a algunas de nuestras relaciones. La verdad es que, aparte de su idea general de que «una manzana mala estropea todo el cesto», nuestras familias no tenían una percepción muy clara de las verdades inmortales que guiaban su vida. Simplemente, «sabían» que los que frecuentan malas compañías acaban metiéndose en líos. ¡Y mamá y papá generalmente tenían razón!

De hecho, muchos años después, la sabiduría de sus consejos parece dolorosamente evidente. ¡Si les hubiésemos hecho caso! Los delfines no nadan con tiburones; los coyotes no tienen conejos como mascotas. La vida nos enseña: los corderos se unen a los corderos. Está claro que todas las criaturas vivientes tienen su círculo de «amigos», y que más allá de las sabias tolerancias que este tipo de relaciones comportan, todos tenemos tendencia a juntarnos con aquellos con quienes nos sentimos cómodos de manera natural. Pero hay aquí más de lo que parece a primera vista: igual que vigilamos el tipo de amigos que están *en torno* a nosotros, debemos mantenernos atentos al círculo de «amigos» que mantenemos *dentro* de nosotros, es decir, nuestros propios pensamientos y sentimientos.

No es sólo que el contenido, fundamentalmente invisible, de nuestra mente y nuestro corazón nos impulse a sentirnos atraídos por determinadas personas y acontecimientos, sino que también sirve como elemento de atracción para aquellos que quieren estar cerca de nosotros. La experiencia personal demuestra la verdad que esconde uno de los axiomas más antiguos:

El interior determina el exterior.

Es probable que la mayoría de nosotros no se haya parado a pensar a fondo cómo la naturaleza de nuestros pensamientos y sentimientos determina el tipo de compañías que frecuentamos. Pero te aseguro que la verdad de esta idea afecta a nuestras vidas hasta un punto difícil de imaginar. Hablando de esto, he aquí otra verdad intemporal que subraya la importancia de tener buenas compañías interiores:

Nos parecemos a aquellos con los que nos juntamos.

Es decir, tanto nuestra apariencia como nuestro carácter cambian de acuerdo con el tipo de compañías que frecuentamos. En otras palabras, a cada instante, las relaciones que mantenemos con las personas y las cosas en ese mismo instante tienen un efecto sobre nosotros. ¡No es casualidad que los dueños se parezcan tan a menudo a sus perros!

De la misma manera, solamente que con consecuencias muchísimo mayores, una mente llena de preocupaciones y dudas puede transformar un rostro humano en una cara llena de miedo: vemos los ojos llenos de aprensión, los labios firmemente apretados, las comisuras de la boca hacia abajo. Tal como descubriremos a continuación, las implicaciones de estas revelaciones son enormes: si vemos lo que hay de verdad en ellas, se creará en nosotros la necesidad de una vigilancia continua, tanto externa como en el interior del mundo de nuestros pensamientos y sentimientos.

Nuestra experiencia vital está creada por la incesante interacción de fuerzas invisibles que están constantemente activas alrededor y dentro de nosotros. Esto quiere decir que la continua transformación del Yo es mucho más que una simple idea. Es un eterno eje alrededor del cual gira nuestra vida, y a través del cual nuestro nivel actual de Yo está en perpetua transformación –para bien o para mal– hacia un estadio más limitado o hacia otro con menos límites. Esta idea debería estar clara:

Lo que ahora somos, y el tipo de vida que nos espera, se encuentra determinado en gran manera por la compañía «interior» que frecuentamos.

Aunque puede que esta idea de compañía «interior» resulte nueva para ti, una vez veas su realidad te parecerá de cajón. En este caso, vivimos en una perpetua relación con nuestros pensamientos y sentimientos. Por si esto te ayuda a visualizarlo, piensa en estas formas de pensamiento y estas fuerzas emocionales como tu «círculo de amigos» invisible, pues eso es exactamente lo que son, sin embargo, son algo más.

Sabemos que cada criatura bajo el sol pertenece a un determinado orden de ser, y que a su vez estos órdenes están clasificados de acuerdo a los múltiples niveles de criaturas que existen en su interior. Sabemos también que estos diversos niveles interactúan unos con otros de acuerdo con su naturaleza. Este mismo principio jerárquico se aplica a nuestros pensamientos y sentimientos. La mayoría de nosotros ya sabe, intuitivamente, que el amor, la paciencia, la amabilidad y la compasión proceden de un nivel de ser superior al de los estados negativos como odio, frustración, rencor o miedo.

Los sabios de todas las épocas –a los que se les suele llamar «Amigos de la Verdad»– comprendieron, tal como te invitamos a hacer ahora, que cuanto más tiempo pasemos en compañía de estas ideas verdaderamente más elevadas, más se convertirá la vida de estas verdades intemporales en nuestra propia vida. Si acogemos a «amigos» como éstos en nuestra vida, nos otorgarán el poder de «mover montañas» porque, con su guía, no volveremos a cometer el error de convertir un tropiezo en una barrera infranqueable. Estos amigos nos preceden para «limar las asperezas», nos elevan por encima del nivel mental que crea un pozo oscuro tras otro con sus demandas inconscientes.

¿Cómo podemos hacernos amigos de la verdad? Tal como veremos a continuación, la respuesta es sorprendentemente sencilla. Debemos estar dispuestos a ver la verdad sobre nosotros mismos, comenzando por esta revelación un tanto impactante:

> *Las cosas que priorizamos en nuestra vida, nuestras elecciones cotidianas en la vida, son un reflejo directo de lo que más valoramos en ese momento.*

Lo que esto quiere decir es que nuestra experiencia vital —con sus dolores o placeres, sus zonas claras u oscuras— es un reflejo perfecto de lo que ambicionamos en la vida. Aquellos que quieren seguir sintiéndose como víctimas desprecian este tipo de verdades; después de todo, es mucho más fácil resistirnos a nuestras circunstancias y lamentarlas que cambiar la conciencia que es responsable de la manera en que las percibimos. Si admites esta verdad, eliminarás de tu vida todo lo que la limita en la actualidad.

Veamos un ejemplo. Todos hemos de ir a algún sitio: al trabajo, al mercado, al colegio, lo que sea. Podemos simplemente «ir hasta allí» —es decir, trasladarnos sin más— de manera que podamos llevar a cabo la siguiente tarea que nos corresponde. O bien, mientras nos encaminamos a donde debemos ir, podemos ser conscientes de los pensamientos y sentimientos «apresurados» que nos impulsan. Dicho de otro modo, no importa dónde debamos trasladarnos físicamente, existe una elección espiritual más elevada ahí y ahora, *siempre y cuando* elijamos estar abiertos a su presencia.

En este caso, incluso mientras estamos ocupados trasladándonos a algún lugar, podemos esforzarnos por tener conciencia en cada momento de la compañía que albergamos en nuestro interior, y decidir si queremos o no ser amigos de esos pensamientos y sentimientos atosigantes que nos dicen que nos demos prisa para llegar cuanto antes. Si elegimos de forma consciente tener como amigo a ese estado de conciencia superior, no nos sentiremos obligados a renunciar a nuestro derecho a movernos a la velocidad que deseemos. ¡Vísteme despacio, que tengo prisa! Este nuevo nivel de autodominio es un reflejo directo de la compañía que hemos elegido para ese momento, y resulta evidente que no tiene sentido ser amigo de los pensamientos y sentimientos de ansiedad. Después de todo, ¿tantas prisas para llegar a un sitio donde descansar?

Este nuevo estadio de conciencia –la voluntad de observar tu «Yo» y ser honesto acerca del círculo de «amigos» que frecuenta– tiene dos efectos simultáneos sobre ti. Primero, al priorizar el deseo de ver la verdad en ti mismo sobre el afán de conseguir lo que deseas, pronto te darás cuenta de que la mayoría de tus deseos y sus exigencias no son los amigos que pretenden ser. Más bien son un grupo de pequeños poderes a quienes has confiado por error las llaves de tu conciencia. Por si fuera poco, a cambio de esa amistad que les has dado, se han convertido, a todos los efectos, en unos tiranos empeñados en desposeerte del dominio sobre ti mismo.

Continuando con esta última idea, el segundo efecto es quizás el más liberador de los dos: elegir la compañía de la verdad equivale a liberarte de todos los falsos «amigos» que te limitan en la actualidad. Igual que no es posible encerrar a un león en una cuna de niño, ningún estado negativo puede mantenerte cautivo una vez que has comprendido lo que realmente es; *nada es posible* sin tu consentimiento.

CAPÍTULO 12

Abandona la carrera y vive relajadamente

Un sábado, una familia fue a su parque favorito para hacer un picnic. Mientras los tres niños, William, Paul y Michael, jugaban juntos, corriendo a todo correr arriba y abajo por las verde colinas, Papá le daba los últimos toques la comida y Mamá disponía los platos de cartón sobre un mantel a cuadros.

De repente, oyeron que el hijo pequeño, William, gritaba, como si se hubiese hecho daño. Un segundo después, salieron disparados en dirección del distante sonido, incapaces de ver nada porque las colinas impedían tener una línea de visión clara. Cuando llegaron encontraron al mayor, Michael, de pie junto a William, que estaba tirado en el suelo gimiendo.

—¿Qué le has hecho a tu hermano? –preguntó la madre a Michael–. ¡Te he dicho mil veces que no te metieras con él!

–Pero si no le he hecho nada –protestó Michael–. ¡No es eso lo que ha pasado!

—Ya, entonces –preguntó el padre–, ¿por qué está ahí tirado llorando si no le has hecho daño?

Michael hizo una pausa y miró a su hermano mediano, Paul, confiando en encontrar algún apoyo por su parte. Como no fue así, se armó de valor y contestó:

—Estábamos corriendo arriba y abajo de la colina y, mientras William subía, yo corría hacia abajo. –Michael lanzó otra mirada a Paul, pero pudo darse cuenta de que Paul estaba en realidad disfrutando de la situación.

—¿Y? –preguntaron Papá y Mamá casi al mismo tiempo, en vista de que Michael no se decidía a continuar.

—Bueno, pues supongo que al bajar atropellé a William y por eso está llorando pero fue sin querer, ¡de verdad! –dijo Michael.

—¿Y por qué le tiraste? –preguntó el padre en un tono que le dejó patente a Michael que quería saber la verdad y nada más que la verdad.

Michael hizo una pausa para pensar cómo explicar el incidente y luego, dándose cuenta de lo que había pasado exactamente, dijo lo siguiente:

—Iba demasiado deprisa para parar –dijo–, y bueno, William simplemente se interpuso en mi camino. ¡Lo siento, papá, mamá de veras que lo siento!

Probablemente a todos nos ha ocurrido que hemos «atropellado» a alguien emocionalmente o herido a un amigo, un ser querido o incluso un perfecto desconocido mientras nos apresurábamos por llegar a algún sitio o por hacer algo «importante». Y, como Michael, lo lamentamos seguramente demasiado tarde para que sirva de algo.

Posiblemente no haya mayor autoengaño que la falsa noción de que apresurarnos en hacer algo resulta beneficioso en algún sentido. Después de todo, si los pensamientos y sentimientos de ansiedad fuesen capaces de llevarnos hasta un lugar o un momento donde nos esperase la tranquilidad, ¿no crees que a estas alturas ya habríamos llegado? No nos equivoquemos:

Si se trata de darse prisa, ¿qué diferencia supone lo deprisa que puedas llegar a un sitio si todo lo que encuentras allí es la siguiente meta hacia la cual apresurarte?

Las siguientes nueve enseñanzas contienen revelaciones especiales acerca de los invisibles estados de agobio que hacen que los seres humanos vayan todo el día con la lengua fuera. Cuanto antes nos demos cuenta de que es imposible llegar a un lugar de descanso apresurándonos por alcanzarlo, antes encontraremos las verdaderas soluciones que nos permitirán relajarnos, aflojar el ritmo y asumir el paso relajado de un vida interior liberada. Estudia cada una de estas enseñanzas por separado, pero contémplalas como partes de una historia cuyo final feliz vendría a ser así: no sólo encuentras el valor necesario para abandonar las prisas, ¡sino que despiertas a un nuevo orden de ti mismo que consigue hacerlo todo sin morir en el empeño!

1. ¡El que se apresura en su camino por la vida llega el último! Ésta es una verdad que la mayoría no capta, pero que resulta evidente para aquellos que ya están hartos de correr hacia ninguna parte. Corres de este modo para

escapar de la infelicidad que sientes al estar donde estás, corres hacia lo que imaginas que te liberará de esa insatisfacción. ¡Pero estas carreras están perdidas de antemano, porque no puedes adelantarte a ti mismo!

2. Todas las formas de velocidad son absurdas, pero nunca tanto como cuando una mente –cegada por el deseo– corre tras lo que desea sin ser consciente de su acción.

3. La paciencia es una gran virtud cuyo coste se paga cuando nos volvemos dolorosamente conscientes de lo que nuestra impaciencia les hace a los demás.

4. ¡La carrera hacia el juicio es una carrera que nadie gana!

5. Permitir que el agobio de otra persona te empuje a un estado mental de ansiedad es como permitir que el caballo que vas a montar te convenza de que lleves tú la silla.

6. Cuando eres capaz de encontrar tu fuente de paz y satisfacción en el simple hecho de estar vivo, estás en el buen camino para recuperar tu verdadero Yo libre de miedos.

7. Vivir deprisa le da al que habitualmente se apresura la impresión de ser «importante», pero préstamos de este tipo conllevan el alto coste de tener que estar continuamente justificando nuestra falta de amabilidad; como cuando hemos de convencernos a nosotros mismos de que nuestra impaciencia para con los demás es un mal

necesario para conseguir ese «bien superior» hacia el que creemos estar corriendo.

8. La principal razón de que sea sabio escuchar a nuestro corazón –si somos capaces de abandonar la carrera y recordarlo– es porque hay mucho más que aprender de esas partes de nosotros que no «hablan» con palabras que de las que sí lo hacen.

9. Lo más importante que debes recordar cuando te encuentres en una carrera sin sentido es que lo que realmente quieres alcanzar es una mente tranquila, un plano de Yo sereno que sólo alcanzarás si comprendes que no hay lugar que te conceda más poder que el momento presente.

CAPÍTULO 13

Libérate de toda rutina

Parecería que la labor de mantenernos a nosotros mismos y a los nuestros lleva aparejada cierta insatisfacción. La mayoría de nosotros hemos de ir al trabajo cada día y realizar tareas repetitivas que pocas veces son de nuestra elección. Y cuando estas rutinas no deseadas impregnan nuestra realidad (y lo hacen), al cabo de poco tiempo nuestra creciente resistencia a ellas nos hace sentir cansados, cuando no quemados.

Incluso si somos lo bastante afortunados para ganarnos la vida haciendo algo que nos gusta, lo que resulta agradable en determinado momento puede convertirse en un rollo al siguiente; todo se nos hace cuesta arriba cuando se convierte en una obligación. La resistencia crece en nosotros como una ola, y al poco nos sentimos transportados a un mundo sin gratitud, entusiasmo ni esperanza. Ahora añade a este triste escenario el hecho de que la propia resistencia se convierte en parte de tu rutina y ¡resulta fácil ver por qué nos sentimos tan a menudo atrapados!

Sin embargo, no todo es lo que parece. Ver la vida a través de los ojos de la resistencia es muy parecido a contemplar tu reflejo en un estanque de aguas agitadas: todo resulta distorsionado. De hecho, cuando miramos nuestra vida a través de los estrechos barrotes de una situación no deseada, *nada es como lo vemos*.

Sí, posiblemente nos sentimos como atrapados en una rutina, pero nuestro auténtico Yo es tan incapaz de estar atrapado en una rutina como el sol pueda estar pegado al suelo. De modo que el primer paso para liberarnos de esa sensación de estar atrapados empieza por comprender esta verdad:

La verdadera naturaleza de lo que llamamos «nuestro machaque cotidiano» es sólo nuestra propia mente que se dice a sí misma, una y otra vez, lo mucho que le gustaría que las cosas cambiasen.

Lo que nos lleva a la siguiente lección importante. Nos llega en dos partes, pero cuenta una sola historia, igual que un roble nace de una bellota. Primero, nuestro actual estado mental sólo puede fijar y mantener su atención en un pensamiento o sentimiento cada vez. Segundo, lo mismo que sucede con nuestra atención, sucede con nuestra experiencia.

Por ejemplo, podemos ver que siempre que fijamos la atención en algo hermoso –un campo de flores de primavera o unos petirrojos que juguetean en un estanque– experimentamos en nuestro interior el placer de habernos permitido contemplarlo. Pero, tal y como veremos ahora, lo mismo ocurre cuando se trata de cómo nos hacemos sentir cuando contemplamos «escenas» de nuestra vida que no queremos ver. Vayamos a los pormenores de este importante descubrimiento.

Cuando nos sentimos atrapados, pillados en algún tipo de rutina, ¿en qué fijamos nuestra atención? Por regla general, lo que ocupa nuestra mente es la circunstancia que consideramos responsable de cómo nos sentimos en ese momento. Aunque parezca que esta tendencia a culpar a circunstancias ajenas a nosotros es sensata, si nos fijamos bien veremos algo muy distinto. En realidad ¡esta manera de ver nuestra situación es parte de la misma rutina de la que queremos escapar! Recuerda:

Ninguna circunstancia ajena a nosotros puede crear una rutina o atraparnos en ella. Es imposible.

Utiliza el siguiente dato para probar esta importante idea: los senderos no crean al ganado que los sigue; es el ganado el que crea esos senderos al seguirse ciegamente los unos a los otros, aplastando poco a poco la tierra que pisan. Si la vida parece un latazo, es sólo porque estamos empeñados en seguir ese mismo nivel de pensamiento que hace que sea así. Culpar a las circunstancias externas de que nos veamos atrapados en una rutina es como culpar a la televisión del aburrimiento que sentimos cuando nos sentamos frente a ella y sólo miramos programas repetidos.

Ha llegado el momento de romper las ataduras con aquella parte de nosotros mismos que prefiere quejarse de su situación antes que dedicarse a cambiarla. Y no importa dónde o cómo nos sintamos atrapados: tanto si vivimos en lo que parece una situación imposible, haciendo demasiadas elecciones que nos crean obligaciones, como si nos sentimos prisioneros de un pasado del que parece imposible escapar. Sí, nuestra situación puede parecer real, ¡pero cualquier razón que nos dé nuestra mente acerca de «por qué» estamos atrapados en ella es una mentira! La propia gran naturaleza demuestra esta verdad si sabemos dónde buscarla.

Nada en la vida se repite nunca de la misma manera: ni las estaciones del año, ni el camino de las estrellas que guían esas estaciones, ni siquiera la génesis eterna que se encuentra detrás de toda creación. Dicho de otro modo, *la vida nunca toma dos veces el mismo camino*. Como un rosal bañado por los rayos del sol, no pasa ni un solo instante sin que nos lluevan nuevas impresiones, incluso si surgen de nuestro interior. De manera que cuando nos parece que somos prisioneros de circunstancias ajenas a nosotros, este sentido de nosotros mismos ha de ser mentira, ¡porque nada en la vida permanece igual! Vivir agarrotados por esta ilusión es como meter el dedo en un cubo de agua helada en un bonito día de verano y luego negarse a salir porque estamos seguros de que fuera hace demasiado frío para jugar.

Así pues, el primer paso para salirnos de cualquier camino trillado en nuestra vida es dejar de hacer caso a esa parte de nosotros que sigue caminando por él al tiempo que desearía que no fuese tan trillado. Aprender a observar nuestros pensamientos y sentimientos –estar serenamente atentos a aquello que ocupa la mente en cada instante– nos garantiza que no caeremos en esas zanjas, ¡porque nuestro nivel de atención superior evitará que las cavemos!

No permitiríamos que un niño pequeño se pasease, sin vigilancia, por una zona de obras; en lugares así, hay peligros a cada paso para quien no es capaz de verlos. Por idéntico motivo, no deberíamos permitir que nuestra mente vaya por ahí y haga lo que le da la gana. Aunque generalmente no lo veamos, la vida sobre la tierra es una especie de zona de obras invisible, una «zona de creación» siempre activa, en la que habitan numerosas fuerzas psíquicas, tanto claras como oscuras. Su poder para influir en cómo experimentamos la vida depende de hasta qué punto somos conscientes de ellas. Una vez más, según sea nuestra atención, así será nuestra experiencia.

Intentar recuperar nuestra atención puede parecer, a veces, como intentar arrastrar a un niño caprichoso cuando está haciendo cola para montar en su atracción favorita. Esta lucha interior puede ser muy difícil a veces porque, aunque cueste creerlo, todas las cosas tienen su fuerza impulsora, incluyendo nuestro malestar por sentirnos atrapados. Este malestar no sólo ama la compañía, sino que quiere seguir adelante con su vida. Sin embargo, ¡no cejes!

Recuerda: cada momento de atención recuperada nos proporciona un trocito de la felicidad que nos asegura.

Para animarte en tu empeño, observa cómo, cada vez que llevas tu atención al momento presente, eres *tú* el que recibe el don de la renovación. Así funciona.

Intenta ver cuántas veces te sorprendes a ti mismo a punto de emprender el «viaje» de no querer estar donde estás o de no querer hacer lo que has de hacer. Luego, sal deliberadamente de esa larga cola de pensamientos y sentimientos repetitivos. Desvía tu atención de lo que no deseas y llévala al nuevo momento, tal y como es.

Este nuevo y más elevado nivel de atención te conecta al momento presente, la vida aquí y ahora, que es lo mismo que tu auténtico Yo. La tarea interna de esforzarte para permanecer atento te garantiza la entrada a un mundo libre de rutina, sin ningún tipo de caminos trillados: *porque nadie ha estado ahí antes que tú.*

CAPÍTULO 14

Practica el vivir en el momento presente

Para hacer lo que es bueno para ti, y para todos los demás, hay que comenzar por *recordar* que nunca sale nada bueno de meterse en líos. De modo que afloja el ritmo y date cuenta de que si algo te obliga a actuar con precipitación –o a enfadarte con otro, o incluso contigo mismo– te hace cometer dos errores al tiempo. Primero, no puedes obrar de manera compulsiva y ejercer el autodominio al mismo tiempo. Segundo, cualquier parte de ti mismo que te empuje a actuar en tu contra pretende también que desperdicies la posibilidad de descubrir tu verdadero Yo libre de miedo, esa parte eterna de tu ser que es tan incapaz de actuar contra sí misma como una ola es incapaz de alterar el fondo del océano. Las siguientes reflexiones te ayudarán a ampliar e iluminar la especial comprensión de ti mismo que necesitarás para franquearte la entrada al reino de serenidad que hay en tu interior.

Todas las «conmociones, rupturas y toques de atención» tienen lugar en lo que llamamos «el momento presente». Esta ventana siempre abierta a la vida, a través de la cual vemos cómo se desarrolla ante nosotros la renovación de la

vida, es algo mucho, mucho mayor que todos los acontecimientos individuales que se suceden para revelarla. Para
ayudarte a visualizar esta importante nueva idea, intenta
pensar en el momento presente –y todo lo que éste implica–
comparándolo con la invisible relación que existe entre
nuestros grandes océanos y el resto de las masas de agua que
existen en el mundo.

De un modo u otro, a lo largo de unos períodos de tiempo que parecen inimaginables, las aguas de todos los lagos,
ríos, riachuelos, estanques y gotas de lluvia han salido de
nuestros océanos en una forma, sólo para retornar de nuevo
a él en una forma distinta; y todo ello en un ciclo que es
virtualmente eterno. De la evaporación a la precipitación –
como nieblas que forman minúsculas gotas de rocío que se
convierten en cascadas torrenciales–, todas esas aguas siguen
cayendo hasta que encuentran el camino de regreso a «casa».
Así, comparadas con el propio océano, cuya masa podemos
considerar relativamente intemporal, sus aguas individuales
se encuentran «en el tiempo»; es decir, que van y vienen,
apareciendo primero en una forma y luego en otra.

Ahora, utilicemos esta nueva comprensión de la secreta
relación entre el océano y sus aguas para que nos ayude a
entender el significado más profundo, escondido, del momento presente, así como cuál es nuestro lugar en su in-
mensidad. Si meditas pausadamente estas nuevas ideas, te
ayudarán a comprender el mundo intemporal que hay en tu
interior, y a empezar a ser uno con él.

Los acontecimientos que forman nuestra vida nos arras-
tran constantemente desde algún lugar «río arriba», que
parece protegido por una curva que nos impide ver lo que

viene después, un momento que denominamos el «futuro». Y lo que llamamos el «presente» es ese instante demasiado breve en que jugamos en esas resplandecientes aguas justo antes de que desaparezcan río abajo, más allá de otra curva que denominamos el «pasado». Pero si pudiésemos subir a la montaña alrededor de la cual fluye este río, si pudiésemos subir lo suficiente como para ver más allá de sus dos curvas gemelas, todo lo que se refiere a nuestra relación con la vida se vería transformado en un abrir y cerrar de ojos.

Veríamos de dónde vienen estas aguas y hacia dónde fluyen; y, por consiguiente, sabríamos que no tienen ni principio ni fin porque forman parte de un océano sin límite de energías intemporales del que proceden y al que regresarán: una Vida única y celestial cuyas aguas vivas son infinitamente conscientes de sí mismas para siempre. Lo que llamamos el momento presente es, en realidad, nuestra conciencia momentánea de este océano de conciencia, una *Presencia* consciente de sí misma de poder inconmensurable, y más.

El momento de Presencia puede verse como una especie de «lugar de encuentro» de una miríada de mundos invisibles. Es un espacio intemporal de posibilidades abiertas en el que tu naturaleza creada converge e interactúa con tu auténtico Yo. Llama como quieras a este Espíritu que todo lo abarca, pero es y será siempre una inteligencia misericordiosa cuya luz viviente crea, anima y nutre todas las naturalezas, incluida la nuestra.

Podemos concebir nuestra naturaleza creada como una serie de fuerzas interactivas que no sólo han ayudado a dar forma a nuestra personalidad actual, sino que siguen moldeándola de acuerdo a multitud de preferencias adquiridas. Para llevar esta idea un paso más allá, el lugar en que nuestra naturaleza creada se encuentra e interactúa con esta Presencia se puede llamar el «momento» de nuestro destino. De este continuo matrimonio surge la semilla de esa unión, con todas sus nuevas promesas y sus ricas posibilidades.

Hasta ahora, no hemos tenido mucha elección en cuanto a cómo se desarrollaban estos «momentos germinales», porque nuestro actual nivel de Yo, con su acumulación de miedos, compulsiones y dudas, sólo conoce una manera de enfrentarse a las alteraciones que ponen en peligro su precario equilibrio. Piensa en ellas. Se remite al bloque de sus pasadas experiencias, las compara a la situación actual y luego decide tanto la naturaleza del problema como lo que hay que hacer para «ocuparse» de él.

Pero a estas alturas ya deberíamos tenerlo muy claro: volverse hacia el pasado para que nos oriente sobre cómo afrontar un nuevo comienzo es como pedirle a un eco que te muestre de dónde ha salido. Lo que nos lleva a un punto importante: ¡no necesitamos pensar para saber qué es lo correcto para nosotros, o para los demás, en un momento determinado! De hecho, es totalmente al revés.

Las increíbles posibilidades que se nos presentan con cada momento presente están literalmente *más allá del pensamiento*. Después de todo, como muestran los siguientes ejemplos, los mejores momentos de nuestra vida, esos valiosísimos momentos en que nos sentimos más vivos que nunca, se desarrollan sin que tengamos que pensar ni una vez en ellos. ¡Desde luego!

Ese inolvidable amanecer que compartimos con alguien querido; una revelación inesperada que nos liberó de una honda pena y fue un bálsamo para nuestra alma; mejor aún, una belleza imposible de expresar en palabras cuando al volver una esquina encontramos un campo de flores amarillas a la orilla de un río. En momentos como éstos, nuestra mente dominada por los sentidos se queda en suspenso, porque se encuentra frente a un placer que está más allá de la capacidad del pensamiento para contenerlo o moderarlo. En momentos así, nos entregamos, gratamente, a la presencia viva de una paz que no podemos crear.

Esta especial facultad de nuestra conciencia, que nos permite relacionarnos con el momento de Presencia, tiene muchos nombres, pero ninguno de ellos importa. De momento, llamémosle «conciencia plena». Lo que importa es ver que, cuando estamos en el radio de acción de su luz activa, todo aquello de lo que somos conscientes está en nosotros en el mismo instante. Es más, *nuestra conciencia del momento presente es lo mismo que la Presencia en nuestro interior que nos proporciona esa misma conciencia.* Aunque la gran promesa que contiene esta idea pueda costar un poco de comprender del todo, es sin embargo verdadera.

Esta revelación literalmente muestra la entrada a una relación increíblemente segura con la vida. Cuanto mejor comprendamos la promesa de esta revelación, más cerca estaremos de acceder a un autodominio que nadie nos podrá arrebatar. He aquí el porqué: la conciencia de nuestra relación palpable con el momento presente –nuestra disposición a admitir conscientemente su presencia– nos permite saber qué es lo mejor para nosotros *sin necesidad de pensar en ello.*

Este nivel de conciencia puede ver lo que es real y lo que no. Su poder para dominar las situaciones difíciles se deriva de su completa inocencia. La conciencia elevada no «intenta» controlar los acontecimientos, porque su naturaleza intemporal ya participa de la propia creación, así que ¿qué ha de temer? Cuanto más nos situemos en presencia de esta luz interior, más a menudo veremos cómo se desarrollan ante nuestros ojos pequeños milagros. Un sereno dominio de todo lo que sucede se convierte en algo tan natural para nosotros como lo es para la luz naciente del alba ahuyentar las sombras de la mañana. Una creciente confianza en la bondad secreta de la vida reemplaza al conflicto y la duda en ti mismo. Después de todo, ¡cómo no encontrar la vida sin miedo que buscamos cuando la propia realidad nos muestra el camino!

Recuerda siempre que todas las situaciones no deseadas aparecen acompañadas por dos fuerzas: un sentimiento de impotencia y un sentimiento de pérdida de control. Pero recuerda también que aquello que nos dice que temamos determinado acontecimiento o situación, por la naturaleza de su propia falsa percepción, se ha condenado a la impotencia. Cuando somos capaces de ver esta verdad, podemos abandonar nuestra relación inconsciente con este temeroso nivel de Yo a favor de una serena conciencia de nuestro Yo libre de miedo.

En vez de confiar en algo que no es capaz de liberarnos de lo que nos perturba –como habíamos hecho siempre en el pasado– elegimos despertar y practicar la Presencia. Si lo hacemos así, esta temida pesadilla de sentirnos impotentes frente a una situación que es «más fuerte» que nosotros no puede empezar porque nos negamos serenamente a que se ponga en marcha y nos convierta en impotentes. Cuando elegimos despertar y practicar la Presencia, nos situamos frente a un poder que nos garantiza una seguridad perfecta.

Recuerda lo que es verdad, obra en consecuencia y te encontrarás con el regalo más grande y más valioso que un ser humano puede aspirar a conocer: una relación consciente con esa íntima Presencia cuya naturaleza celestial es la propia ausencia de miedo.

CAPÍTULO 15

Ten el valor de cambiar

No importa cómo te sientas en un momento determinado, la vida no nos puede ofrecer ninguna tarea para la que seamos «inadecuados».

Sí, es posible que al principio no estemos preparados, igual que un árbol desnudo de hojas al final del otoño no puede conocer de antemano el peso de una intensa nevada invernal, hasta que sus ramas se curvan y quizás incluso se rompen bajo él. Pero ningún árbol es sólo sus ramas, y tampoco nosotros somos menos por no poder hacer o sobrellevar algo cuando por primera vez nos enfrentamos a algo que parece demasiado grande para poder soportarlo.

Nuestra fortaleza reside en nuestra capacidad para comprender que, sean cuales sean nuestra actuales debilidades, son sólo temporales, siempre que estemos dispuestos a perseverar, a adentrarnos en eso que parece más grande que nosotros mismos, y a probar esta verdad una y otra vez.

La inconcebible recompensa por perseverar a pesar de cualquier obstáculo que haya en tu camino es el descubrimiento final –e inevitable– de esta verdad fundamental:

¡No sólo has sido creado para cambiar, sino que eres libre de hacerlo siempre que así lo decidas!

ACERCA DEL AUTOR

Guy Finley vive y enseña en el sur de Oregón (EE. UU.), donde ha fundado y dirige la organización sin ánimo de lucro Fundación Vida de Aprendizaje (Life of Learning Foundation), una escuela de autorrealización de renombre mundial. Desde hace treinta años, ayuda a que las personas descubran una vida de libertad no comprometida y plenitud duradera. Un maestro de la época actual, Guy Finley es autor mega-ventas de más de treinta y ocho libros y excepcionales álbumes de audio, entre los que se encuentran *The Essential Laws of Fearless Living* (Las leyes esenciales de la vida sin miedo), *Let Go and Live in the Now* (Déjate ir y vive en el ahora), *The Secret of Letting Go* (El secreto de dejar ir), *Liberate Your Self* (Libera tu Yo), y *Letting go* (Lo que realmente importa, Ediciones Obelisco).

Puedes visitar su fundación online en www.guyfinley.org y suscribirte a su newsletter gratuita.

Para saber más acerca de las actividades de Guy Finley o de la Life of Learning Foundation, y para obtener numerosas informaciones útiles, descargas gratuitas de audio o de vídeo, así como para pedir tu kit de iniciación gratuito, visita www.guyfinley.org.

ÍNDICE